品读晋中

读不完的方志
品不尽的晋中

赵世芳◎著

商务印书馆
创于1897 The Commercial Press

图书在版编目（CIP）数据

品读晋中 / 赵世芳著. -- 北京：商务印书馆，2025. -- ISBN 978-7-100-25022-1

Ⅰ. K292.54

中国国家版本馆 CIP 数据核字第 2025K6J908 号

品读晋中

赵世芳 著

商 务 印 书 馆 出 版

（北京王府井大街 36 号 邮政编码 100710）

商 务 印 书 馆 发 行

北京顶佳世纪印刷有限公司印刷

ISBN 978－7－100－25022－1

2025 年 4 月第 1 版　　开本 880×1230　1/32

2025 年 4 月北京第 1 次印刷　　印张 5

定价：45.00 元

读方志　品晋中

——自序

国有史、县有志、族有谱。正史、旧志、家乘为我国三大文献支柱。梁启超（1873—1929 年）言："志为史体"，"最古之史，实为方志"，"有良方志，然后有良史"。清代方志学家章学诚（1738—1801 年）认为，春秋战国时期记载地方之事的官撰史书，如晋之《乘》(shèng)、楚之《梼杌》(táo wù)、鲁之《春秋》等，应是我国最早的方志。《孟子 · 离娄》曰："晋之乘，楚之梼杌，鲁之春秋，一也。其事则齐桓、晋文，其文则史。"这段话的意思是说，晋国的《乘》，楚国的《梼杌》，鲁国的《春秋》，都是一个样的史书，所载不过齐桓公、晋文公之类的人和事，其文风也不过一般史书的笔法。所谓"梼杌""乘"皆引申为"年"，义同"春秋"，皆为"编年史书"之意。

方志有多重要？自古至今，"国史必取之于方志，无方志则无国史"，"邑不可无志，犹国不可无史，志固史之遗也"。

方志是记述地方情况的史志，有全国性的总志和地方性的州、郡、府、县志两类。清代是修志极盛时期，政府明确规定各省、府、州、县 60 年修一次，各地都设有专门的修志机构，许多文人学者也竞相编纂、辑录方志，出现了一大批方志学家和高质量的方志，至今保存下来的历朝古志多达 8000 余种、10 万余卷，其中清代就有 5500 多种。这些方志是我们知古论今、传承历史、创造当下、展望未来的依托，是取之不尽用之不竭的宝藏。

郡县治，天下安。“县”在国家统治系统中处于最基础最接地气的位置，史录其人其事当然非常重要。据《晋中地方志总目提要》，明、清、民国时期，晋中 11 个县（区、市）的古县志均有现存。近数十年来，各地对古县志以不同方式整理、影印、再版，发挥了一定的资治、宣传和教化作用。由此也引发了笔者极大的兴趣，悉心阅读晋中各地方志，收获颇丰，感悟很深。

晋中东山五县，自然地理、人文历史、风土人情自成板块，先前出版的《跟着古志游和顺》（三晋出版社，2010 年）可为代表。本书主要以清康熙乙巳年（1665 年）本《祁县志》（此为海内孤本，明末清初著名学者、祁县人戴廷栻参与编撰）为底本，同时与《榆次县志》（1942 年本）、《平遥县志》（明万历本和清康熙、光绪本）、《太谷县志》（明万历本、清顺治本）等县志互相印证、对比、归类后，将自己对晋中平川六县大历史的了解和感悟缀合成篇，组成此系列文章，与《何以晋中》系列文章合并交付出版。

2022 年 1 月 27 日，习近平总书记在晋中市平遥古城考察调研时指出:“历史文化遗产承载着中华民族的基因和血脉，不仅属于我们这一代人，也属于子孙万代。要敬畏历史、敬畏文化、敬畏生态，全面保护好历史文化遗产，统筹好旅游发展、特色经营、古城保护，筑牢文物安全底线，守护好前人留给我们的宝贵财富。”笔者身为晋中人，自当牢记“三个敬畏”——敬畏历史、敬畏文化、敬畏生态，潜心品读晋中历史人文，悉心感悟晋中文化习俗，舒心畅游晋中山水形胜，并全身心致力于晋中地方志公共化。笔者始终认为，无论采取什么方式，让沉睡千百年的地方志“活起来”“火起来”，古为今用，以志资政，对进一步推进地方志事业的发展和繁荣，弘扬中华优秀传统文化，增强文化自信，加快文旅融合，都具有十分重要的意义。因此，本书也算是笔者继《跟着古志游和顺》之后“地方志公共化”的再次尝试。

工余读志，热血难凉，本人非地方志工作者，业余为之，定有错漏，请读者谅解，请方家指正。

目录

何以晋中

晋，山西省简称。晋中，顾名思义，以其深处三晋腹地而名。

山西简称晋，得名于晋国。180 万年前的西侯度遗址，是中国已知最早的旧石器时代文化遗址之一，保存着中国最早的人类用火实证，燃起中国第一堆文明之火。尧，都平阳（今临汾）；舜，都蒲坂（今永济）；禹，都安邑（今夏县），建立了夏朝，中华文明从一盘散沙开始向国家形式转变。

西周时，周成王“桐叶封弟”，在镐京举行盛大的“封唐典礼”，将叔虞分封在山西南部方圆百里地区，号为唐国，并赐予叔虞“启以夏政、疆以戎索”的治国方略。叔虞逝后，其子改国号为晋。春秋时期，晋国成为五霸之一，山西大部为晋国领地，故此山西简称为“晋”。至战国初，韩、赵、魏三家分晋，山西又有了“三晋”之称。

晋中，东依太行山、西傍汾河水，境内山、川、丘陵皆备，气候四季分明。其风景秀丽，物产丰富；地灵人杰，源远流长。遍览古志，心存敬畏；回望历史，一眼千年。

地理晋中 山水相依

“左手一指太行山，右手一指是吕梁，站在那高处望上一望，你看那汾河的水呀，哗啦啦地流过我的小村旁。”乔羽乔老爷妙笔生花，这优美动人的歌词不仅描画了晋中的旖旎风光，也恰巧勾勒出了晋中盆地的典型地理构架。崇山峻岭，关隘重重，在黄土高原与华北平原之间，巍巍太行山迤逦不绝，粼粼汾河水蜿蜒不息。

太行山晋中段绵延 120 公里。晋中东山五县居太行山中段，战略位置十分重要，太行山雄关漫道，关险陉幽，有“晋陕通衢”“锁钥晋冀”“陵京锁钥”之称。

平川六县紧傍汾河，息息相关。古时的汾河，河阔水深。柳宗元《晋问》所谓“晋之北山，其材可取”“晋之河鱼，可为伟观”“晋之盐宝，可以利民”，其材、其鱼、其盐顺流而下，直达中原。千年流淌的汾河水，把天造地设的一个富饶美丽的盆地，留给了晋中。

汾河晋中段 124 公里。就是这肥田沃土，就是这阡陌纵横，就是这汾水长流，就是这富饶的晋中盆地，4500 年前竟是浩浩汤汤一大湖。

这湖，谓之“昭余祁泽薮”。据《周礼·职方》《尔雅·释地·十薮》，远古时，晋中盆地一带水丰草茂，为全国十薮之一。《史记·五帝本纪》载：尧名放勋，姓伊祁氏，号陶唐。故而这一带残留的湖泊被后人称为祁薮、昭余祁等。《周礼·职方》：“并州薮曰昭余祁。”所谓昭余祁，是古泽薮名。它是一个方圆数百里的大湖，约在今介休以北，太原以南，平遥、祁县、太谷以西，文水、汾阳以东，是古代山西境内最大的湖泊，其大小可与楚之云梦（洞庭湖）、吴之具区（太湖）等相匹敌。

周灵王十六年（前556年），晋平公将“昭余祁”（包括今地理上的晋中大部分地区）作为食邑分封给大夫祁奚，即祁邑。晋顷公十二年（前514年），魏献子为政，分祁邑为七县：马首（今寿阳）、涂水（今榆次、太谷）、祁（今祁县）、梗阳（今清徐）、平陵（今平遥、文水）、邬（今介休）、盂（今盂县），初步奠定了晋中的行政版图。

晋中版图历秦、汉、三国、两晋、南北朝、隋、唐、五代、宋、元、明、清，分来合去，区域时有伸缩、政区时有变革、治所时有迁移、地名时有改易，与文明一同演进，融入我国历史学、考古学、地理学、民族学等辉煌进程，载入国史，载入府、州、郡、县志。

1949年9月6日，山西省人民政府榆次区行政督察专员公署成立，俗称“榆次专区”，奠定今日晋中市行政区之基石。榆次专区辖：榆社、左权、和顺、昔阳、寿阳、平定、盂县、榆次、太谷、祁县、平遥、介休、灵石13县和阳泉工矿区。1951年至1952年，榆次专区增辖：交城、文水、汾阳、孝义、清源、徐沟、临县、离石、方山、中阳10县。版图西邻黄河之滨、东至晋冀交界，横跨山西中部，是名副其实的“晋中”。1958年榆次专区改名晋中专区，辖7县2市，即阳泉市（昔阳、盂县并入）、榆次市（寿阳并入）、太谷县（祁县并入）、汾阳县（交城、文水县并入）、介休县（灵石、孝义县并入）、离石县（中阳、离山县并入）、和顺县（左权县并入）、平遥县和临县。1959年6月至1961年5月，各县陆续分设，恢复原建置。1961 年 11 月，将阳泉市从晋中地区划出，改为省直辖市。1968 年 9 月，设立晋中地区，辖 20 县。1971 年 4 月，交城、文水、汾阳、孝义、中阳、离石、临县划归吕梁，区划缩至汾河以东。1978 年 5 月，改设晋中地区行政公署，仍为省政府派出机构，同时新设榆次县，辖 13 县 1 市。1983 年 7 月，平定、盂县归阳泉市管辖，榆次市、县合并为榆次市。1992 年 9 月，介休县改市。1999 年 9 月 24 日，国务院批准，撤销晋中地区，设立地级晋中市，辖太谷、祁县、平遥、灵石、榆社、左权、和顺、昔阳、寿阳 9 县和介休市、榆次区、晋中经济技术开发区（1996 年 1 月设立）。2020 年 3 月，太谷撤县设区。

历史晋中　和合交融

晋中是一个年轻的地级城市。1999 年 9 月 24 日，设立地级晋中市，2000 年成立第一届人民政府，到 2023 年，也只有 23 载的青春年华。

晋中又是一个古老的地区，它的历史从一出“沧海桑田”的大剧开始。那时候，我们的先祖大禹，率领他的“治水团队”，在这个大湖的最南端——今灵石韩信岭，凿石开山，治理水患，空出了面积 5000 平方公里的盆地，使“昭余祁泽薮”变为晋中沃野，史称“打开三湾口，空出晋阳湖”。昭余祁在唐、宋时期已近湮废。明末清初学者顾祖禹《读史方舆纪要》记载的湖泊有：邬城泊（又名蒿泽）、小桥泊（平遥境）、张赵泊（平遥境）、胜水陂（孝义境）、台骀泽、汾陂、文湖等。古代的天然大湖，元代以后就消失了。

顺着历史的时间隧道回望，我们看见介子推背着母亲上了绵山，在烈火中坚辞官禄，在烈火中锻造精神，在烈火中凤凰涅槃，用铮铮铁骨书写了春秋大义。晋文公重耳深为愧疚，遂改绵山为介山，并立庙祭祀，由此产生了流传千年的“寒食节”。之后，晋文公终成春秋“五霸”之一。周赧王十六年（前299年），屈原被放逐写下《九章·惜往日》，咏叹这一过程，“封介山而为之禁兮”，最早写到了寒食节禁火。

我们看见，周襄王二十五年（前627年）秋，晋败狄戎于箕（今左权县箕山），晋帅先轸与狄兵肉搏而死。

我们看见，隋开皇十年（590年），隋文帝杨坚北上太原巡视，在汾河谷地发现一巨石，似铁非铁、似石非石、色苍声铮，以为祥瑞，取名“灵石”，遂从平昌县（今介休）、霍州各割一部分土地，置灵石县。这一路下来，隋文帝对晋中各县均有感受。在之后的数年里，将阳邑改为太谷、重置祁县、平遥析置清世县、析武乡县分置榆社县、改辽阳为辽山县、将梁榆县更名为和顺县、于晋建之寿阳古城置受阳县。

我们看见，唐武德二年（619年），刘武周引突厥兵先后攻陷榆次、太谷、平遥、介休等县，大败唐军。第二年，秦王李世民在介休县南雀鼠谷大败刘武周主力宋金刚部，刘武周部败走，留下了“古庙神佛异，明堡暗道奇”的张壁古堡，闻名海内外。

我们看见，宋乾德元年（963年），北汉在祁县东观镇南团柏村建起了银冶（货币铸造所），以供国用。在战火不息的三晋大地，货币铸造所闪闪烁烁的炉火，也许就是燃起晋商辉煌五百年的那一缕星星之火。

星星之火，可以燎原。我们看见，一支支驼队、一支支船队、一支支车队以晋中盆地为中心，南下北上，东出西进，整整走了明清五百年，足迹横跨欧亚两大洲。从“货通天下”到“汇通天下”，从“万里茶路”到海路船帮，哪里有贸易，哪里就有晋商，哪里有口岸，哪里就有会馆，晋商与犹太商人、威尼斯商人并称为当时世界三大商人群体。

当驼铃停息、繁华落幕，晋商的背影逐渐淡去，我们发现他们留下的财富不是金银，而是晋中大地上丰富的物质和非物质遗产：晋语、晋剧、民歌、晋商大院、会馆、票号、镖局、中成药、近代工业、近代教育、城市地名、民俗、武术，等等。还有“学而优则贾”的崇商理念、合作互利的股份制、两权分离的掌柜负责制、严之胜严的学徒制、上下统辖的联号制、严格完备的号规制等创新创造，凝结为“诚实守信、开拓进取、和衷共济、务实经营、经世济民”的晋商精神。平遥古城为世界文化遗产，祁县为国家历史文化名城。乔、渠、王、曹 4 个晋商大院，列入中国世界文化遗产预备名单，一代代晋商锐意进取、艰苦创业、善学精进、趋时求变，在中国商业文明史上留下了浓墨重彩的一笔。

晋中文化底蕴深厚，黄土高原农耕文化和近代晋商文化兼容共生，具有农工并举、商儒结合、文武相济的多元复合文化生态特征，在中华民族区域文化发展中占有突出地位，是华夏传统文化的典型代表和重要组成部分。2010 年，晋中文化生态保护实验区经原文化部批准设立，晋中市全域划入。2023 年 1 月 28 日，文化和旅游部公布国家级文化生态保护区名单，晋中文化生态保护区入选。

太行山上同样演绎着一幕幕惊心动魄的历史大剧。从西安经河南、山西、河北到北京，太行山就是各路风云人物、英雄豪杰的“T 型台”。“晋”字牌的历史、学问，都和这座英雄的山脉有关系。

春秋战国至秦汉，古阏与、辽阳、乐平（今和顺、左权、昔阳一带），是著名的古战场。韩、赵、魏三家分晋后，赵国在原肥国都城昔阳东冶头筑城驻守。周赧王四十五年（前 270 年），赵将赵奢大败秦军于阏与（今和顺县西北），史称“阏与之战”，开启了两国长达八年的战略平衡。秦王政十一年（前 236 年），秦将王翦攻赵取辽阳（今左权县）、阏与等 9 县，史称“再战阏与”，之后赵国亡。汉高帝二年（前 205 年），汉将韩信攻打赵国，于阏与大败援赵大军，史称“喋血阏与”。

西晋建兴四年（316 年），石勒攻克乐平县（今昔阳），东晋大兴二年（319 年），石勒建立后赵。石勒在太行山上完成了他从奴隶到帝王的传奇，在榆社、和顺、昔阳留下了许多传说和遗迹。明末清初，李自成起义军转战太行。

抗战时期，和顺石拐会议确定抗日方略。辽县麻田八路军总部指挥敌后战场，左权将军牺牲，辽县更名为左权县。前仆后继的英雄诠释了不怕牺牲、无私奉献的太行精神。

兴亡谁人定，盛衰岂无凭？太行巍峨，汾水长流，历史铭记！

人文晋中　灿若星辰

在中华民族“百万年人类史，一万年文化史，五千多年文明史”中，晋中从未缺席；在山西源远流长的历史叙事中，晋中为

“晋商五百年”添上了浓墨重彩的一笔。

晋中古人类迁徙走向：山（太行）到河（汾河）。约在上新世到更新世初（七八百万年至一二百万年前），榆社一带生活着大量古脊椎动物。著名考古学家贾兰坡说：“榆社是古脊椎动物的化石宝库。”榆社县的墩圪垯、上西山和下西山，和顺县背窑湾、昔阳县虎窑岩以及榆次区贾鱼沟等，早在旧石器时代就有人类繁衍生息。新石器时代，太谷区白燕遗址出土文物，反映了白燕文化内涵从仰韶文化晚期到庙底沟二期文化，经龙山文化，延伸到夏商西周时期，在晋中范围内，散布着159处新石器时代遗址。灵石旌介商代晚期墓葬、车马坑和粮仓，出土了100多件青铜器，部分器物属全国罕见，一些铜器上铸有“丙”形族徽，据研究，在商代后期汾河流域附近分布着一些方国，这应该是其中一个方国的遗存。20世纪80年代，榆次猫儿岭发掘较为典型的战国墓葬55座，陶器、兵器、车马器、服饰器、骨器、玉器、石器等近千件。从1956年第一次全国文物普查到现在，晋中考古除对以上时代遗址的挖掘外，还对遍布全境的战国秦汉遗址，魏晋北朝及隋唐时期的石窟寺、摩崖造像、金铜石雕造像，以及宋元明清时期的介休洪山窑、榆次孟家井窑、寿阳段王窑进行了调查和试掘，获得大量标本。在对宋金元时期的墓葬考古中发现了大量的壁画、抗金文献、金元官印，全方位折射出色彩斑斓的多元化、多民族文化，也见证了民族融合的激烈碰撞。2024年12月26日，国家文物局发布“考古中国”重大项目重要进展，山西晋中市昔阳县钟村墓地，是一处夏商之际黄土高原东部规模最大、等级最高的“王”级别的墓葬，距今约3500多年，填补了太行山西麓夏商考古的空白。

晋中“近边[①]邻狄”“京陕通道”“四省通衢”的特殊地理位置，在中华民族大融合的历史演进中，发挥了重要作用，也成就了晋商故里的商业定位。商王朝时期的国家是一种古国与方国的联合体，即“方国联盟”，四个方国之一的𢀛方就生活在晋中（地域概念，包括今吕梁）西部。同时还有箕（今太谷区东）、雀（今介休市附近）和燕京戎等部落。西周时期，晋中为华夏族与戎狄游牧部落杂居之地。春秋时期，白狄族建立肥国。尹吉甫是周宣王的重要辅臣，是尹姓、吉姓族人共同的太始祖，是我国第一部诗歌总集《诗经》的采风者、编纂者，被尊为“中华诗祖”。清光绪八年（1882年）《平遥县志》载：“周宣王时，平遥旧城狭小，大将尹吉甫北伐猃狁曾驻兵于此。”又载：“受命北伐猃狁，次师于此，增城筑台，教士讲武，以御戎寇，遂殁于斯。”之后，平遥因东连京冀、南通江汉、西连陕甘、北通蒙俄，京陕驿道穿城而过，地理位置、军事地位和经济地位都十分重要，而成为千年商贾重镇，与祁县、太谷、榆次一起被誉为“中国的华尔街”。至19世纪末，全国近一半票号总部在平遥，诞生于1823年的“日昇昌”票号被誉为“近代中国银行业的乡下祖父”。据清《皇清奏议》记载，雍正三年（1725年），汾州府（当时晋中平遥等县隶属汾州府）已是“山右殷富之乡，百姓颇有积蓄”。同治、光绪年间，晋中商人称雄全国票号业，垄断全国金融汇兑，光绪末年，太谷曹家商号多达640个。

---

① 近边：靠近边关。

1997 年 12 月 3 日，联合国教科文组织于意大利那不勒斯举行的第 21 届世界遗产大会上称：“平遥古城是中国汉民族城市在明清时期的杰出范例，平遥古城保存了其所有特征，而且在中国历史的发展中为人们展示了一幅非同寻常的文化、社会、经济及宗教发展的完整画卷。”平遥古城，这座有 2800 年历史的全国现存最为完整的古代县级城市，与双林寺、镇国寺一同被列入《世界遗产名录》。万里茶路也好，商业勃兴也好，其成功的地理和历史密码就在于历朝历代各民族的交往交流交融。

晋中人杰地灵，历朝历代人才辈出，煌煌政文、彪炳千古。

殷周春秋战国时期。那是一个远离我们的时期，也是一个古风悠悠、百家争鸣的时期，更是一个人性耿直、急公好义的时期。封邑榆社一带的箕子述《洪范九畴》定立治国理政之大计，至今仍有很高的借鉴价值，史称“箕子明夷”。祁县祁奚，举贤任能，演绎了一出“大公无私”的尧舜遗风大戏。介休介子推，留下“倘若主公心有我，忆我之时常自省。臣在九泉心无愧，勤政清明复清明”的诗句，至今读来，发人深省。

秦汉魏晋南北朝时期。祁县历史人物成群结队、扑面而来，特别是王、温两家，堪称晋史上一大观。这里只列部分名字及其关系：温家有温序、温恕、温恢、温峤、温襜、温羡等。王家有王允、王凌、王广、王宏、王睿、王懿、王佑、王思政……《祁县志・人物志》记有温家近 30 人、王家 80 余人。列入《山西通志》的祁县名贤 225 人，其中有政治家、军事家、思想家、文学家、书画家、戏曲家、医学家、教育家、武术家、晋商巨贾和革命家等。这个时期还有“平遥孙家”。孙楚之祖孙资、之父孙宏、之子孙洵，另两子孙众、孙纂，之孙孙绰（兰亭集会众才子之一）和孙盛（著《晋阳秋》）。东汉时期，“介休三贤”之一的郭泰，出身寒微，博通群书，口若悬河，声音嘹亮，名重洛阳，被太学生推为领袖。为避祸而闭门教授，弟子达千人。郭泰 42 岁去世，近万人前来会葬，史称“自弘农函谷关以西，河内汤阴以北，二千里负笈荷担弥路，柴车苇装塞途，盖有万数来赴”，蔡邕亲为其撰碑文。

隋唐五代时期。祁县温家王家继续各领风骚。温君攸及其三个儿子：唐初礼部尚书温大雅、宰相温彦博、中书侍郎温大有。唐高祖说：“我起晋阳，为卿一门耳。”温大雅五世孙温造、四世孙温佶，也都政文卓著。温彦博后人还有大名鼎鼎的“花间词派”鼻祖温庭筠，以及生平事迹录入《资治通鉴》的温庭皓。王珪，唐太宗时为谏议大夫，与房玄龄、李靖、温彦博、戴胄同列唐太宗“首席”。“诗佛”王维，其弟宰相王缙，以及大才子王勃，诗文垂千古，大名贯古今。关于王维，《旧唐书·列传》：“王维，字摩诘，太原祁人。父处廉，终汾州司马，徙家于蒲。”山西省社科院文学所原所长姚乃文著文说，王勃“祖籍祁县，太原祁人”。《旧唐书》应该是权威的，看来，王维、王缙、王勃祖籍祁县当无异议。

宋辽金元时期。仍是祁县王家依靠科举高歌猛进的年代。《祁县志》记有王溥、王贻孙、王贻永。有宋一朝，王家又有 13 人封爵拜相，金元时期仍有 2 人。介休三贤之一的文彦博在宋代也独树一帜，出将入相五十年，与他同朝为官的司马光、王安石、苏轼、吕蒙正、寇准、范仲淹、富弼、韩琦等，个个彪炳史册。苏轼赞之:“其综理庶务，虽精炼少年有不如；其贯穿古今，虽专门名家有不逮。”今存《文潞公集》40卷,《全宋诗》《全宋词》《全宋文》均录其所著。

明清时期。晋商横空出世，纵横欧亚九千里，称雄商界五百年，豪商大贾甲天下，经世济民的家国情怀感天动地。祁县则又有戴廷栻及其曾祖戴宾、祖父戴光启、父亲戴运昌继续建功立业。明代成化、正德年间，今昔阳人乔宇、和顺人王云凤、太原人王琼并称“晋中三杰”，亦称“河东三凤”。寿阳祁氏父子青史留名，父亲祁韵士官至清户部主事，是我国著名的西北史地学奠基人、史地学家，对编撰少数民族史地有开创之功，其著作为《清史稿》藩部的编撰起了重要作用。其子祁寯藻，有“四朝文臣”“三代帝师”“寿阳相国”之称。

从秦到清，山西或以政、文，或以史、地，或以德、孝，或以忠、义彪炳史册的，在史界公认的太原王氏、祁县王氏、阳曲郭氏、平遥孙氏、祁县温氏、河东卫氏、闻喜裴氏、襄汾贾氏、寿阳祁氏等大家族中，晋中有三县四家。

“些小吾曹州县吏，一枝一叶总关情。”大人物“立德、立功、立言”，而县令、县丞，教谕、武弁等基层官吏著书立说，留下了大量的诗词歌赋、碑铭题联。《毛诗序》:“情动于中而形于言，言之不足，故嗟叹之，嗟叹之不足，故永歌之，永歌之不足，不知手之舞之，足之蹈之也。”人民群众是最生动的人文作者，他们的俚言俗语、乡音方言、民歌小调等，虽少见于方志，却流芳于百世。一如左权民歌《桃花红杏花白》，可谓中国北方的“《茉莉花》”。所有这些，让晋中以“郁郁乎文哉”的历史大戏唱响于天地之间，以独特的民风民俗独立于方域文化之林，以洋洋大观的府州郡县古志传承于后代子孙，以浓郁的地方文明形态汇入中华文明的汪洋大海。

何以晋中 文明实证

前人筚路蓝缕，以启山林，今人接续奋斗，书写华章。一代接一代把文化传承与文明进步写在晋中大地上。

风景名胜。森林公园、地质公园、湿地公园、风景名胜区 24 处。其中，国家湿地公园 4 处，省级湿地公园 7 处；国家森林公园 3 处，省级森林公园 6 处；国家地质公园 1 处，省级地质公园 1 处；省级风景名胜区 2 处。

文化遗产。世界文化遗产——平遥县“一城两寺”，国家历史文化名城——平遥、祁县。山西省历史文化名城——太谷、介休。中国历史文化名镇——灵石静升镇、寿阳宗艾镇。全市 17 个村入选中国历史文化名村，90 个村入选中国传统村落。省级历史文化名镇 6 处、历史文化名村 37 处，省级历史文化街区 6 处，占比均位列全省前茅。市县两级累计公布历史建筑 5 批次 684 处。山西首批省级地名文化遗产名录，全省有 42 个千年古县名，晋中有 9 个。

文物古迹。不可移动文物：全市 5539 处，其中国保 69 处、省保 96 处、市保 20 处。可移动文物：全市登记国有文物收藏单位 50 家，国有博物馆 13 家，民办博物馆 12 家。各类馆藏文物 31064 件（套），其中珍贵文物 2721 件（套）。红色资源（革命文物）：全市认定山西省第一批不可移动革命文物 84 处，60 处在东山五县；可移动珍贵革命文物 1 件。2020 年 11 月，左权县被列入全省首批红色革命文物保护利用示范区。

历代古志。晋中现辖行政区范围存佚的地方志文献 470 种（现存 424 种），其中 1949 年以前的古代方志 109 种，新编地方志 361 种。

古籍版本。祁县图书馆，国家一级图书馆。馆藏古籍 5.4 万册，善本 1.8 万册，包括大量孤本、珍本。馆藏宋版《昌黎先生集考异》，系海内孤本，国家一级文物。明嘉靖十二年（1533 年）王献刻本《渼陂集》、明钞本《琼台会稿》、明嘉靖三十三年（1554 年）梁佐刻蓝印本《丹铅总录》等 17 部古籍入选“国家珍贵古籍名录”。清鲍廷博批校本《涑水记闻》等 43 部古籍入选“山西省珍贵古籍名录”，先后参加《四库全书存目丛书》《续修四库全书》《中华再造善本》等大型工程，曾为国务院古籍整理小组提供《剑策》《心镜篇》等数十种孤本，享誉海内外。2009 年 6 月，祁县图书馆被国务院、原文化部批准为“全国古籍重点保护单位”（全国第二批 62 家），是山西省唯一入选单位。

文旅品牌。晋中文化生态保护区。国家级非物质文化遗产生产性保护示范基地——山西广誉远国药有限公司，省级生产性保护示范基地——山西黄河中药有限公司、平遥薛生金漆艺研发有限公司。现有国家级非遗项目 21 项、省级 101 项，国家级非遗代表性传承人 19 人、省级 146 人。2023 年 1 月，晋中市被文化和旅游部正式公布为国家级文化生态保护区。国家全域旅游示范区（目前全省唯一）。有 A 级景区 39 个，其中 5A 级景区 2 个；省级休闲度假区 15 个，全国乡村旅游重点镇 1 个，重点村 5 个；省 3A 级以上乡村旅游示范村 23 个。国家公共文化服务体系示范区。2019 年 2 月，财政部、文化和旅游部授予晋中市第三批国家公共文化服务体系建设示范区。

文化项目。平遥国际摄影大展，已举办23届；平遥国际电影展，已举办7届；平遥中国年，已举办17届，入选全国春节最有影响的节庆品牌；左权民歌盛典（汇），已举办3届；大型室内情境体验剧《又见平遥》，10年，7000余场，500万人（次）观看，在全国文旅演艺节目中排名前十。

晋商故里。晋商，欧亚九千里叱咤风云，明清五百年称雄商界，“豪商大贾甲天下”，铸就了“晋商精神”，展现了“破古今、行天下”的改革气概和开放胸怀，书写了“货通天下、汇通天下、纵横天下、诚信天下、富甲天下”的商业史诗，形成了义字当先的民本思想、商学并重的独特理念、与时俱进的改革精神、纵横天下的开放意识和休戚与共的家国情怀，留下了深远的历史影响、宝贵的精神财富、完备的制度成果和丰富的文化遗产。所有这些，贯穿着一条“家国天下”的主线，体现着“日用而不知”的中华优秀传统文化的精髓。这些文化文明血脉，蕴藏在从榆次到灵石的一座座古城大院里，体现在遍布长江南北的晋商会馆里，演绎在数不清的影视戏剧和文学作品里，吟诵在一篇篇诗词文赋里，研究在汗牛充栋的一篇篇论文里，传承在后代子孙的方言俚语里，蒸腾在百种面食的人间烟火里，汇集为晋中独有的晋商生态“百科全书”。这就是实证。

在生生不息的何以中国的伟大文明进程中，在源远流长的何为山西的久远历史叙事里，何为三晋之中的晋中，这只是笔者一次粗线条的梳理和尝试性的叩问，以期有更多的人激情澎湃，一起关注这块热土，继往开来，共同书写新的晋中华章！

晋商故里

（晋商）纵横欧亚九千里，称雄商界五百年，开创了戍边卫国商贾天下的商团发展之路，开辟了横跨亚欧大陆的世纪动脉——万里茶道。他们首创票号汇兑业务，形成了金融资本与茶票融合成长的商业路径，走出一条商业文明演进的中国道路。

——大型纪录片《寻踪晋商》

晋之中

晋中可不可以称为“晋商”之“故里”？我想探究。

2023 年，中秋国庆双节比肩而至。山西晋中晋商文化旅游目的地“四城六院”十大景区迎来了又一个旅游高峰。平遥古城、祁县昭余古城、太谷古城、榆次老城以及灵石王家大院、祁县乔家大院和渠家大院、太谷曹家大院和孔祥熙宅院、榆次常家庄园，八天假期共接待游客 110 万人次，其中省外游客占 89%。

时光倒流 200 年，1823 年，平遥古城西大街一家名叫西裕成的颜料庄，东家李大全听从总经理雷履泰的建议，将颜料庄改为专营银两汇兑和存放款业务的票号，取名“日昇昌”。一个店名，包含四个“日”字，寓意“如日东升”。

品读“如日东升”之初心，200年后的今天，我们再来看日昇昌这一因时而举、因资而动、因势而为的改革，在中国商业史上具有划时代的意义——结束了几千年简单的商品货币现场交易模式，开启了商人凭一纸汇票行走天下的新的交易方式，实现了从“货通天下”到“汇通天下”的华丽转型，形成了金融资本与茶票融合成长的商业路径。

2000年，晋中撤地建市。这23年来，世界各地奔着晋中平川榆次、太谷、祁县、平遥、介休、灵石等地的晋商文化主题来了多少人，无可胜计。仅以疫情之前的2019年为例，全市接待游客1亿多人次，其中，平遥县接待游客超1000万人次。从总收入来看，晋中晋商文化旅游业已成长为千亿级产业。而明清500多年乃至今天，有多少晋中商人走向全国各地已无法统计。现今，每年春节平遥、祁县、太谷回乡过年的已久居在外的老乡就有十几万人。2020年疫情前，仅从武汉汉正街回来的武汉籍平遥人就有3000余人。

2013年，王潮歌女士在平遥首创行走式（沉浸式）大型情境体验剧——《又见平遥》，以全新的艺术形式，展示了晋中商人舍利取义、视死如归、和衷共济的历史壮举和家国情怀。十多年来，以工作日一天两场、节假日一天五场的频次，接待南来北往的游客500多万人次。

这些“蒙太奇”式的历史事件一直闪回在我的脑海，是什么样的契机把四面八方的人们吸引到晋中的古城大院，是什么样的

“晋商之问”推动了新的晋商文化之旅？

1992年，余秋雨先生《文化苦旅》中的一篇美文《抱愧山西》把许多人的目光吸引到了山西，山西的晋中，晋中的平遥、祁县、太谷。《抱愧山西》开篇即道：

> 我在山西境内旅行的时候，一直抱着一种惭愧的心情。因为长期以来，我居然把山西看成我国特别贫困的省份之一，而且从来没有对这种看法产生过怀疑。
>
> 但是，这一命题是不公平的。

余秋雨先生的“愧疚”来自既往的偏见，以及成见的改变。因为他查阅了一堆史料，钻研了一段时间，终于得出了这样一个结论：

> 在上一世纪乃至以前相当长的一个时期内，中国最富有的省份不是我们现在可以想象的那些地区，而是山西！直到本世纪初，山西，仍是中国堂而皇之的金融贸易中心。北京、上海、广州、武汉等城市里那些比较像样的金融机构，最高总部大抵都在山西平遥和太谷几条寻常的街道间，这些大城市只不过是腰缠万贯的山西商人小试身手的码头而已……

如果我们再进一步追问，为什么山西票号发轫于晋中盆地中的祁县、平遥、太谷？综合众多研究者的观点，可以梳理出这样一条逻辑线：远古时期，晋南、晋东南得盐铁之利、交通之便、政治文化中心之久，“日中为市[①]，致天下之民，聚天下之货，交易而退，各得其所”(《周易·系辞传下》)，以以货易货的模式，商业开始发端。随着山西政治经济文化中心的北移，特别是到了明“开中制”之后，晋中紧邻太原，既不像晋北那样直接受到外族侵扰，又不像晋南、晋东南相对远离边贸之地，虽然没有盐铁粮食之资源，但晋中商人抓住机遇，南下运盐铁粮食，北上供给戍边将士，以诚信赢得信誉，以智慧积累财富，以情怀回报家国，在晋商称雄明清商界五百年中书写了晋中商人自己的辉煌历史。在晋中平川，从榆次老城到王家大院形成了一个以平遥县为轴心的百公里晋商文化圈，五百年来仍然是“活态”的，是晋商文化百科全书式的存在。

五千年文明看山西。至今，山西从北到南形成了五大特色文化区：北部——边塞佛教文化区，中部——晋商文化区，中西部——黄河民俗文化区，东南部——太行生态文化区，南部——根祖文化区。

无数人奔向这里，追寻中国近代银行业的“乡下祖父”，饱览一条条金融街的昔日风采，研究一座座古城大院的建筑奇迹，探寻票号镖局商队共同演绎过的一出出人间传奇。人们从时间的年轮中找寻祖先的足迹，在斑驳的城墙上凝视夯土与青砖叠加的耸立，在规制严谨的大院里获取砖木石雕传递的信息。正如一位“95后”的美国小伙子瑞思（太原理工大学外籍教师）所言：“原本以为会采用看一些历史文献、听历史学家的讲述或其他类似的

① 日中为市：中午进行交易；做生意。

方式了解晋商。（在晋中）我惊讶地发现，大量晋商的实物证据向我揭示了他们的生活方式、经商之道。”越来越多的人因此发现了晋中，爱上了晋中。

千余年古城，历久弥新；百公里商圈，生机盎然。这其中的奥秘，早在200年前，晋中商人就以自己的创新性实践，把答案写在了日昇昌票号的门匾上，即“行天下、破古今”。

行天下

对晋商而言，天下，即：称雄明清商界五百年，纵横欧亚九千里，豪商大贾甲天下。

货通天下。放到山西来看，晋中盆地的土地尚不贫瘠，但放到全国来看，人多地少，十年九旱，尤其是在古代，生产力低下，如果就地生财，实属凤毛麟角。明万历《汾州府志》：“平遥县地瘠薄，气刚劲，人多织而耕少。”清顺治《太谷县志》：“民尚朴重，好农劝织，灵秀者亦于贸易焉。”清乾隆《太谷县志》：“民多而田少，竭丰年之谷，不足供两月。故耕种之外，咸善谋生，跋涉数千里，率以为常。”可见，晋中商人走出去，背井离乡，跋涉千里，行走天下，首先是为了谋生。清乾隆之后，越来越多的人加入商贸队伍；行业涉及众多，形成复杂的商业生态；南自香港、加尔各答，北到伊尔库茨克、西伯利亚、莫斯科、圣彼得堡，东起大阪、神户、长崎、仁川，西到塔尔巴哈台、伊犁、喀什噶尔，都留下了晋商足迹；由商业及商业文化至商业文明，把晋语、晋戏、晋药、晋食等地域文化与文明传播至所到之处。

从地域上分，可谓东西南北中无所不有。旅蒙商、旅俄商。

总号设在张家口和归化，分号设到库伦（今蒙古国乌兰巴托）、多伦诺尔（今内蒙古多伦县），甚至到乌里雅苏台、科布多，再深入蒙古各盟旗。主要有榆次常家、祁县乔家和渠家、太谷祁县商人共同经营的大盛魁等。大盛魁还参与中俄恰克图边贸并深入莫斯科、西伯利亚地区，极盛时有员工 7000 余人，骆驼 20000 余峰，据说其财富 50 两一锭的白银，能从库伦铺到北京。

西路商。清初随平定准噶尔叛乱的清军进入西北地区，乾隆年间拓展至新疆全境。祁县商人张云中与不少祁县人把伊东县城东南的一个墟子变成“小祁县村”。在兰州、西宁、银川、天水、酒泉以及四川的松潘直隶厅、雅安府等地，也都有晋中商人开设的商号。

东北路商。以榆次、太谷、祁县、平遥、介休商人为主，闯关东的晋中商人除在关东广大地区经商外，有的还直接在当地购买土地生产粮食、开办酿酒作坊，走上富裕之路。

内地其他商队。晋中商人在商业相对集中的号称“天下四聚”的京师、汉口、苏州、佛山，以及陕西、河南、河北、山东、湖南、湖北、安徽、江西、浙江、福建、云南、贵州、四川、广东、广西等省，所经营的行业有账局、钱庄、典当、粮油、棉布、绸缎、盐业、茶叶、印染、烟行、药材、杂货、皮革、纸张等，获利颇丰。乾隆初年，京城已有 200 多个当铺，多数为晋中商人经营。据《清实录》记载：“太谷、平遥、介休各县民人，多在广东及南省等处贸易。”平遥县成为当时晋中乃至山西最大的货物集散之地，有“填不满、拉不完的平遥城”之说。光绪末年，太谷北洸村曹家商号最多时达 39 个，分号 640 个，分布在全国几十个城市，形成总号统辖分号、分号管辖更小商号的管理结构。

万里茶路。在与蒙古和俄罗斯长期的贸易交往中，晋中商人敏锐地发现，茶叶是这些地方的生活必需品。清雍正六年（1728年），中俄签订《恰克图条约》，开放与俄国的贸易市场。祁县渠家和乔家、榆次常家、太谷曹家，与其他山西商人一起开辟了一条由福建武夷山到俄国恰克图的万里茶路。起初，晋中茶商只是贩卖茶叶，后来由采买茶叶变为在南方建立茶叶基地，直接加工成砖茶，先经水路到湖北汉口——樊城（今襄阳）——河南赊旗镇（今社旗县）、朱仙镇，再转陆路到洛阳，过黄河入太行山，经山西泽州、潞州出祁县子洪口，在祁县鲁村换畜力大车经太原北进，再出雁门关至大同或杀虎口，再到张家口或归化，换骆驼运抵蒙古库伦，直至当时的中俄边境恰克图，然后转输俄国各地和欧洲邻国。清嘉庆二十五年（1820年），仅从恰克图销往俄国的茶叶就达500万磅。经营额较大的十几家商号中，晋中人开设的占到一多半，成为垄断恰克图贸易的主体商人。榆次常家发展为以10个“玉”字号和10个“德”字号为主的庞大商业网络，在恰克图经营对俄国茶叶输出长达150余年，并延伸至欧洲大陆，成为赫赫有名的外贸世家。祁县渠家创办的长裕川、长盛川茶庄与大盛魁创办的大玉川、大昌川茶庄，并称“两长”“两大”，销售以“川”字为标记的砖茶，在蒙俄备受欢迎，被清政府特授“红龙票”，给予保护。此外，以介休范家为代表的船帮，每年从日本贩铜至少30万公斤，最多时70万公斤，占清政府从日本进口铜量的一半多，时间长达70年。

从运输方式上分，有水（船帮）陆（驼帮）联运。船帮以介休张原村范家为代表，被清政府封为“皇商”。驼帮主要有榆次常家，祁县史家、乔家、渠家，太谷王家、曹家等，输出货物有茶叶、丝绸、棉布、刺绣、瓷器、工艺品及土特产品等，输入商品有皮毛、呢绒、皮革和牧畜。

在“货通天下”这一阶段，晋中商人布下了无数商业网点，开通了百条商贸通道，打开了内外人缘商脉，当“货通天下”达到鼎盛时期，所带来的现银交易不便等问题成为发展瓶颈时，敏锐的晋中商人已在酝酿着“行天下”之后更深刻的变革——汇通天下。

汇通天下。晋中平遥日昇昌票号展览馆的讲解员巩丽说，在她十几年的讲解中，有一个问题始终被一再问及：日昇昌票号为什么是从一个颜料庄发轫启路？这“票号之问”也是对晋商发展的溯源之问。

票号的横空出世是商业发展到一定程度的历史必然，这是对金融的需求，而发端于日昇昌则是天时地利人和的时代偶然，这是晋中商人“因资而立功，用万物之能而获利其上”的创新创造。

从唐朝时的“飞钱”，到宋朝时的“交子”，真正作为一种专营汇兑的完备信用机构的，却是清代的平遥日昇昌。1823 年，平遥西裕成颜料庄（日昇昌票号前身）掌柜雷履泰，看到银两流通量空前增多，靠镖局押运风险大、成本高。他从已经零星办理的工商汇票和商号捎办银两的实践中得到启发，敏锐察觉到了新的商机，动员财东李大全出资 30 万两白银，把颜料庄改营为中国第一家专营存款、放款、汇兑业务的民间金融机构，中国金融资本正式登上历史舞台。从清道光三年（1823 年）成立票号到歇业，历经 100 多年，日昇昌票号“执中国金融之牛耳”。票号高额利润驱使祁县商人、太谷商人紧随其后，共同开启了“汇通天下”的崭新局面。

票号创立后，晋中商人传统经营的当铺、印局、钱庄、银号、账局等，依托票号业的发展，业务更加兴盛，形成全面称雄中国金融领域的局面。不仅如此，一些中小商人也经营银钱业，字号遍及全国的大小城镇。清道光二十年（1840 年），京城内外“钱铺不下千家，多为晋中商人所开”。

大浪淘沙，兴衰更迭。到清同治、光绪年间，晋中商人开设的总部票号仍有 41 家，占全国的 80%，其中平遥 22 家、祁县 12 家、太谷 7 家，在全国 126 个城镇设立分号 526 个。清光绪三十三年（1907 年）四月三十日，祁县合盛元票号经日本政府批准，在日本神户设立支店，后又在东京、横滨、大阪及朝鲜的仁川开设分号，成为最早在国外设立分支机构的票号。百年前，文化宗师梁启超先生赞许道:“鄙人在海外十余年，对于外人批评吾国商业能力，常无辞以对。独至有历史有基础能继续发达之山西票业，鄙人常以此自夸于世界人之前。”

票号顶国库。1823 年，中国第一家票号日昇昌票号创立，不仅是中国金融史上的一个重要里程碑，也是中国近代银行业的开山鼻祖，其业务范围广泛，包括汇兑、存款、放款等，分号遍布全国 30 余个城市及商埠重镇，远及欧美、东南亚等国，以“汇通天下”著称于世，被称为中国银行业的“乡下祖父”。晋中票号曾经承办《马关条约》赔款中清政府对外举债的借款，汇兑庚子赔款，负责铁路经费、河工经费等款项及赈款，汇兑户部和各省藩库存款等。清光绪二十六年（1900 年）庚子事变，慈禧太后挟光绪皇帝西逃途经山西，所用款项大部分由票号支垫。祁县大德通票号和太谷曹家一次性借给清廷白银40万两。实际上，以晋中票号为主的山西票号，长期代替清政府行使国库职能，直到光绪三十一年（1905年），清政府设立“户部银行”，才有了我国最早的由官方开办的国家银行。1908年，大清户部银行总分行各机构一律改名为大清银行。1912年2月5日，中国银行经孙中山先生批准正式成立，大清银行历史结束。

富甲天下。《五杂俎》（明代著名的随笔札记，作者谢肇淛）记载:“富室之称雄者，江南则推新安，江北则推山右……其富甚于新安。”晋中票号利润空前。祁县乔致庸的大德通票号，光绪十年（1884年），每股分红八百五十两；光绪十四年（1888年），每股分红三千两；光绪三十四年（1908年），每股分红达一万七千两。明清两代平遥古城先后修葺26次，其巨额费用主要由平遥商家出资。据民国徐珂《清稗类钞》中对晋中介休侯氏、冀氏，祁县乔氏、渠氏，太谷曹氏、刘氏、武氏、孟氏、杨氏，榆次常氏、侯氏、王氏、何氏、郝氏等14家“资产之七八百万两至三十万两者”的调查统计，资产合计三千余万两。实际上，许多富商发达时期资产均有几千万两白银。多富算富，确实不好衡量，但如今我们仍然能看到，一座平遥城，里面竟然有3000余座大院；一个灵石王家大院，居然有231个院落、2078间房屋的存在，就知道富有多富了。

破古今

五百年的商业金融大戏，九千里的纵横驰骋闯创，与其他山西商人一样，晋中商人硬是把战场与市场、资源与资本、制衡与制度、他乡与故乡、货通与汇通、逐利与取义、自家与国家的关系调适到制度层面、文化层面、情怀层面，根本上是践行了“修齐治平”等中华优秀传统文化的精髓。经过岁月洗礼和风吹雨打，数不清的物质和非物质文化遗产凝结在晋中大地上，在山西乃至中国商业文明史上为自己赢得了极为重要的一席之地。

从“学而优则仕”到“学而优则商”。在中国古代社会，“士、农、工、商”排位几乎没有变过。因为商人的收入来源于交易和利润，而不是土地和农业，在重本轻末的封建社会，商人通常被排斥在官僚和贵族的社会等级之外，甚至不得做官，也不能入“志”。如，唐明皇曾颁布法令，禁止政府官员与商人打交道，据说李白的父亲李客是商人，所以李白始终不被重用。宋代，商人甚至被看作是不义之徒。明清时期，商人的地位凸显出来，特别是允许私营盐铁，可以贩运粮食，商人渐渐发达起来。晋商能够因时而动，乘势而起，尽管是时代使然，也足见其观念的解放、思想的巨变和勇气的可贵。清康熙二十三年（1684 年），康熙皇帝南巡回京后在上谕中称：“东南巨商大贾，号称辐辏。今朕行历吴越州郡，察其市肆贸迁，多系晋省之人，而土著者盖寡。”清雍正二年（1724 年），山西巡抚刘于义奏称：“山右积习，重利之念，甚于重名。子弟俊秀者多入贸易一途，其次宁为胥吏，至中材以下，方使之读书应试。”雍正皇帝也认为山西的社会定位序列与别处不同：第一经商，第二务农，第三行伍，第四读书（雍正对刘于义奏书的朱批）。

晋中作为票号的发源地，平遥、祁县、太谷“三大帮”，再加上寿阳的“宗艾帮”，形成了庞大而又强大的商业金融团体。降大任《山西史纲》(三晋出版社，2016年）说:“平（平遥）帮控制正西、西北和长江；祁（祁县）帮控制平津和东北；太（太谷）帮控制广东和长江。”美国人甚至称太谷是“中国的华尔街”。清末，祁县有60%以上的家庭有经商史。晋中商人独步华夏、称雄商界、富甲海内，成为“学而优则商”的弄潮儿，商人的社会地位也因此而破了“古今”。

从自然买卖到制度建设。晋商创立的合作互利的股份制、两权分离的掌柜负责制、严之又严的学徒制、上下统辖的联号制、严格完备的号规制等，是500多年可持续发展的制度保证。如，以雷履泰创建的日昇昌票号为代表，形成了一套独具中国特色，又与现代企业制度相近的企业结构和治理模式。最主要的包括两权分离、“顶身股”、严格的号规、“酌盈济虚，抽疲转快”等制度架构、管理方法和运作模式。其中，早在明代就创立的“掌柜负责制”，首创了中国历史上资本所有权与经营权分离的体制。

从凤毛麟角到人才济济。在一切人间奇迹的创造中，人是重要的决定因素。最初，晋商认为经商需要有文化，培养子弟是为了更好地经商。随着财富的积累，他们认为要想可持续发展，除了赢利之外，还要赢人。长期的对外（县外）贸易，使他们开阔了视野，改革创新意识强烈，对时代的变迁极其敏感，从而能够抓住发展机遇。如：雷履泰（1770—1849年)，平遥人，清道光三年（1823年)，创立中国第一家票号——日昇昌，并担任总经理。毛鸿翙（1787—1866年)，平遥人，曾任日昇昌票号副经理。渠本翘（1862—1919年)，祁县人，清光绪十八年（1892年）中进士，曾任内阁中书、驻日本横滨副领事、山西大学堂监督（校长），创办山西最早的民族工业——双福火柴公司；1906年参加山西保矿运动，筹措白银200余万两，将矿权赎回，设山西保晋矿务公司，并任总经理。李宏龄（1847—1918年），平遥人，主持介休北贾村侯氏蔚丰厚票号北京、上海、汉口分号30多年，率先倡言票号改革，积极推进改组银行，著《同舟忠告》《山西票商成败记》等。他们不仅经商有方、事业有成，且十分注重对后代的教育、对人才的培养和实践淬炼，以保持可持续发展的动力。如平遥县，除官办学校（学宫）外，还有民办的超山书院、卿士书院、西河书院、鸣凤书院等。重视家族教育也是重要原因，如榆次车辋常氏家族，才俊辈出，有常麟书、常立教、常望春、常赞春、常第春、常旭春、常蕴春、常燕生、常凤笄、常乃志、常士骠、常崇安、常崇煊、常崇宾、常士闾等，他们在科场、官场、商场都成就了一番事业。

从商业传奇到文化传播、文明播撒。五百年晋商辉煌，形成了独特的晋商文化和文化影响圈。在一些领域，晋中商人发挥了重要作用，比如晋语的传播、晋剧的创立、晋药的产生、晋酒的推广，以及面食文化、侠义文化、建筑文化的形成，等等。

一是晋语。晋语区东起太行山、西近贺兰山、北抵阴山、南至黄河汾渭河谷等广大地区，高峰时使用人口6000万。究其原因，除历史上多频次大范围长时间的南北方民族大融合、几次大的移民潮外，包括晋中商人在内的晋商长时间大范围的繁荣发展也是重要因素。

二是晋剧。山西最早的剧种是蒲州梆子（蒲剧），商业中心转移到晋中一带后，在富商大贾直接参与下，把蒲州梆子与晋中地方小戏、祁太秧歌等相结合，形成了新型剧种——中路梆子（晋剧），明星荟萃，长演不衰。直至今日，中路艺人演中路梆子的局面仍在延续。老一辈著名的晋中艺术家有榆次高文翰和王爱爱、平遥程玉英和郭兰英等。晋商在所到之处建立会馆，搭建表演平台，使之流行于陕西、内蒙古以及河北北部等广大地区。2006 年 5 月 20 日，晋剧被国务院列入第一批国家级非物质文化遗产名录。

三是晋药。太谷广誉远，始创于明嘉靖二十年（1541 年），后发展成为晋商队伍中资产实力雄厚的医药板块，主导产品龟龄集和定坤丹，包括颐圣堂的安宫牛黄丸等名药，新中国成立后先后被国务院列入国家级非物质文化遗产名录，至今仍为太谷中医药产业的主打品牌。

四是晋酒（汾酒）。从明代、清代到民国，随着晋商 500 年脚步，汾酒和汾型酒消费、生产和技术扩散到 28 个省市区。异地酿制白酒，有的直接叫汾酒，如湖北襄樊和武汉、湖南常德、甘肃天水、南京、上海等。上海是清代后期兴起的商业都会，晋商各类商号纷纷抢滩，到民国时期，仅汾酒业公会会员就有 226 家之多。贵州是山西盐商、丝绸商和钱票商涉足之地。晋商贩川盐入黔，票号分庄 43 家。1700 年山西盐商郭某带着汾酒厂师傅在茅台镇仿汾酒和西凤酒制发，起名茅台酒。其他如西凤、泸州老窖、剑南春、四特、双沟大曲、古城大曲等都与晋商将汾酒技术带入当地有关。

五是面食文化。山西面食几百种，因加入食用碱而筋道，柔韧筋道就可以花样百出，食用碱就是祁县乔家从内蒙古草原引入山西的。在祁县有一种说法，妇女们为了把走南闯北几年不归的“汉子”们留在家里多住几天，在一团面上做出百种花样，用留得住“胃”的方式来留人。晋中人的那碗面，因晋商在他乡的魂牵梦绕，最后上升为浓浓的乡愁、亲情和生命寄托。

六是侠义文化。我国第一家镖局是山西人张黑五在北京顺天府门外创办的“兴隆镖局”，平遥的“同兴公镖局”、祁县的“太汾镖局”等也都享有盛名，进而成为一大产业。与之相伴随，形意拳、长拳、弹腿、长枪等武术得到发展，至今仍然是晋中平川民间体育的主要内容。

七是以古城大院为主的建筑文化。1997 年 12 月 3 日，联合国教科文组织世界遗产委员会把平遥古城列入《世界遗产名录》。至于一座座布局严谨、规制守“中”、寓意吉祥的晋商大院，成线连片、历史久远、保存完好的古寺古院古村落，建筑物上的砖木石雕、画栋雕梁、古墓壁画、楹联匾额、商业律条、家训家规等，时刻传递着中华优秀传统文化的思想理念，同时无不带有浓浓的地域文化特色。

八是至今仍然耸立在全国的会馆文化。会馆是晋商独特的商业信息交流方式和山西老家生活娱乐的异地再现。晋商通过建设会馆支撑商业繁盛，播撒三晋文明。晋商以商兴商，以商兴文，以商兴百业，以商兴城市，“山西会馆”“三晋会馆”遍布全国各地。如，清雍正八年（1730 年），晋商在河西走廊的张掖开办了几十家大商号，“乐把河西作故乡”，“丝路称雄是晋商”。同时，晋商商帮在甘肃境内设有会馆 20 余个，多在丝绸之路沿线，给河西带来了商贸繁荣和文化新风。现在，河南社旗、山东聊城、安徽亳州等地几十座山西会馆仍然是当地的地标建筑。

九是因商业勃兴推动了城镇化。晋中商人无处不在，而且是主角，甚至因一支商队，把一个个边防屯子或货物中转村镇变为一座座城市。所以晋商既是当时商品流通领域不可或缺者，也是中原文化和华夏文明播撒者、传承者、推广者，还是很多城镇的“原创者”和建设者。如，先有曹家号，后有朝阳县。曹家在朝阳地区商号总数 640 余个，经营银钱业、绸缎、布匹、呢绒、颜料、药材、皮毛、杂货、洋货、茶叶、酿酒、粮店等项，雇员 37000 余人，资本总额 1000 余万两。先有复盛公，后有包头城。复盛公字号，鼎盛时期几乎操纵整个蒙古市场，对包头城兴起及发展起到重大作用。不只是乔家，平遥李家、毛家，介休侯家、冀家，榆次王家、常家，祁县渠家等，与伊犁、热河、武汉、重庆等城市兴盛都有着密切关系。先有晋商茶叶贸易，后有锡林郭勒多伦县。多伦是清康熙帝与边疆少数民族会盟处，原只有一座小小寺庙，晋商敏锐地发现这里的交通和区位优势，于是新辟一条“茶叶之路”。到 19 世纪时，该县城人口达到 18 万人，相当于北京同期人口的一半；有大大小小晋商商号 4000 余家，上缴政府的税收相当于当时归化城（今呼和浩特）和包头税收总和。

史之鉴

晋商是成功的，晋中商人确是山西商人中的一支劲旅。当然，与历史上其他山西商人的命运一样，晋中商人在一定阶段完成了一定的历史使命后也“隐入尘烟”。清光绪三年至四年（1877—1878 年）为阴历干支纪年的丁丑、戊寅年，蔓延晋、豫、冀、鲁等省的三年旱灾，赤地千里，灾民遍地，1000 余万人饿死，山西灾情尤重，时任山西巡抚曾国荃称之为“二百余年未有之灾”，史称“丁戊奇荒”。晋商群体毁家纾难，救济灾民。榆次常家除捐出大量白银外，还通过“以工代赈”之举，专门把一个戏楼修了三年，不分男女老幼，每天搬一块砖就管一天饭。祁县乔致庸搭棚施粥，捐钱捐粮，自家生活一律从简。1913 年，天成亨、日昇昌等 12 家票号向当时的财政部报告，其在汉口、成都等 8 个地方被抢现银、财物折银合计 164.45 万两。清政府垮台，许多手持钱票、银票者和存款者，纷纷到票号兑取现银，尚未倒闭的晋中票号，仍想方设法给予兑付。1917 年，沙皇被推翻，旅俄晋中商人仅莫斯科一地，榆次常家损失白银 140 万两，太谷曹家损失 100 万两，价值 37 万两白银的俄钞变为废纸，在俄资产被没收、抢劫、焚毁，血本全无。民国《榆次县志》载:“慨自吾邑商富，一败于甲午之战，再败于庚子之役，终败于辛亥之变。”为了转型自救，以平遥帮、太谷帮为主的 14 家票号试图联合起来筹组“汇通实业银行”，暂定资本 300 万两，但终未成功。

回过头来看，晋商，晋南发轫，筚路蓝缕，以启山林；经世济民，称雄商界五百年。万里茶道，货通天下，连通东西，贯通南北，全省参与，纵横欧亚九千里。晋中发轫，票号出世，汇通天下，开创中国近代银行业新天地。晋商，守正创新，崇商重利；改革开放，与时俱进，写就华商大历史。

明清晋商称雄商界五百年，是一部敢为人先、创造辉煌的英雄史诗，是一曲诚实笃信、义孚天下的人格礼赞，是一卷以义制利、同舟共济的壮美篇章。

晋商，留给我们诸多精神财富，取之不竭。如，崇商观，学而优则商；义利观，关公信义诚；创新观，大胆破古今；天下观，开眼看世界；家国观，修齐治平志……

正如大型纪录片《寻踪晋商》所总结的：

> 他们的成功，离不开诚实守信的道德支撑、开拓进取的奋斗精神、和衷共济的价值追求、务实经营的商业智慧、经世济民的家国情怀。

而今，古城在，晋商的辉煌在；大院在，晋商的家园在；丰富的物质和非物质文化遗产在，晋商的精神就在。让我们“敬畏它并保护它，认识它并读懂它，亲近它并融入它”，让晋商故里——晋中，在每一个清晨都能焕发出新的生机与活力，为新时代新晋商再续新华章注入新动力！

名贤俊杰

晋中历史悠久，人杰地灵，载入国史和地方志的千古风流人物灿若星辰。明代吕楠[①]的《三晋明贤议》载：

> 承命，查定三晋明贤，奉祀河东书院。按史志，在古有若解州风后、平阳苍颉，在唐虞有若稷山后稷，在夏有若安邑关龙逄，在商有若夏县巫贤、平陆传说、首阳伯夷叔齐，在周有若平遥尹吉甫、介休介子推、晋阳羊舌肸、西河卜商，在汉有介休郭泰、太原王烈、解州关羽……

除了《三晋明贤议》这段文字中提及的名贤，晋中还有祁县祁奚、温峤、王绩以及介休文彦博等俊杰，一如明万历《太谷县志·人物志》所言："涵育圣化，人物朋兴。或以忠孝闻，或以节义显，或以学术鸣，或以武烈奋。其为风土钟灵，山川毓秀，高标足以耀古今，而令人炎慕者，则不一而足矣。"让我们跟着古方

---

① 吕楠：理学家、文学家，明嘉靖十四年（1535 年）任国子监祭酒。

志，领略晋中先贤的风采。

先秦：古风悠悠　率真好义

那是一个远离我们的时期，是一个古风悠悠、百家争鸣的时期，也是一个人性耿直、急公好义的时期，更是一个开疆拓土、民族融合、形塑华夏的时代。

榆罔榆社　榆社是炎帝留在北方最后的家园。公元前 4000—5000 年前后，炎帝八世榆罔被黄帝打败，为保护自己的氏族南迁湖南长沙。榆罔之子方雷氏受封建立榆州国，并建立祭祀神社，即榆社。炎帝八代共传 520 年，在邦国广植榆树。《竹书纪年·周书》记载："上古帝榆罔凭太行以居冀州。榆罔之后，国为榆州。榆州亡于西周之末。"随着西周、晋国的扩张，榆州国一路北撤，先后以榆社、榆次为都城，最终在晋平公十七年（前 541 年）被晋国所灭。《春秋·昭公元年》载："晋荀吴帅师败狄于大卤[①]。"顾炎武《日知录》载："平公用荀吴，败狄于晋阳。"山西史志研究院《山西大观》对榆社为榆罔所建邦邑之地有明确记述："榆罔帝统治的榆州地方，其中心是榆社。"

箕子肇域　清乾隆《榆社县志·叙》："榆旧为商箕子始封地。"榆社现存有箕山、箕城等地名和故址。综合史料，今太谷、左权的一部分也曾是箕子的封地。《榆社县志·古迹》："箕城，在县东三十里，商时惟箕子采邑……上党在春秋时，介于戎狄之间，如乐平为皋落氏国，和顺为梁馀国……"明万历《太谷县志》："箕

① 大卤：古晋阳城。

城，在县东三十五里。商时纣封箕子于此。"《左传·僖公三十三年》："晋败狄于箕。"杜预注云："太原阳邑县南有箕城。"由此可知，阳邑者，阳处父之食邑，榆邑正当其南，太谷县是由阳邑城迁徙而建，而古箕城就在太谷县东 35 里。东山皋落氏，春秋时赤狄之别种，皋落乃其氏族聚居地，在昔阳县古城西北 25 公里皋落镇。梁馀子养随晋献公太子申生伐东山皋落氏获胜后，晋献公将旧时和顺封给了梁馀子养，后置梁馀县。确证榆社、和顺、左权和太谷的一部分，上古时为古国的一部分，晋国时为采邑、食邑的历史。箕子，子姓，名胥余，商王文丁的儿子，因封国于箕地而称箕子。箕子述《洪范九畴》，定立治国理政大计，至今仍有很高的借鉴价值。箕子与微子、比干齐名，为"殷末三仁"。《论语·微子》曰："微子去之，箕子为之奴，比干谏而死，孔子曰：'殷有三仁焉。'"在商周政权交替的历史大动荡中，箕子因其道不得行，其志不得遂，而"违衰殷之运，走之朝鲜"，建立了箕子朝鲜。箕子 52 岁时从朝鲜回来，途经商故都遗址，写下中国现存最早的文人诗《麦秀歌》："麦秀渐渐兮，禾黍油油；彼狡童[①]兮，不与我好兮。"殷商遗民听见其歌，皆动容流涕，故土情愫，共鸣涟漪。晋向秀《思旧赋》："叹黍离之愍周兮，悲麦秀于殷墟。"宋王安石《金陵怀古四首》其一："黍离麦秀从来事，且置兴亡近酒缸。"后人常以"麦秀""黍离"寄托亡国之痛。朝鲜的《三国遗事》《东国通鉴》《东史纲目》等重要史书，也都比较详细地记载了"箕子朝鲜"的史迹。

介子忠而立枯　晋献公的儿子申生、重耳均与晋中关联。申

---

① 狡童：指纣王。

生与昔阳、和顺有关，重耳则和介休相关。介子推（？—前636年）随晋献公的儿子重耳流亡19年，割股奉君，忠心可鉴。待重耳返国，成为晋文公后，介子推却不肯受赏，携老母隐居于绵山。其赋诗曰："有龙于飞，周遍天下；五蛇从之，为之丞辅。龙反其乡，得其处所；四蛇从之，得其露雨；一蛇羞之，槁死于中野。"为迫使介子推出山，晋文公命人火烧绵山。谁料大火烧了三天，介子推抱树而死，终究没有出山，只有他被焚前留下的血诗千古流传："割肉奉君尽丹心，但愿主公常清明。柳下作鬼终不见，强似伴君作谏臣。倘若主公心有我，忆我之时常自省。臣在九泉心无愧，勤政清明复清明。"晋文公重耳深为愧疚，遂改绵山为介山，并立庙祭祀。"寒食节"由此诞生，并成为中华民族纪念故人、缅怀先祖的传统节日，流传至今。之后历代皇帝旌表、名人歌咏、百姓尊奉，都称介子推为"华夏忠孝第一人"。

不偏不党 周代祁县祁奚、祁午、解狐三贤，共同演绎了一出公忠体国、举贤不避亲仇的尧舜遗风大戏。祁奚（前620—前545年），姬姓，字黄羊。清康熙《祁县志》载："晋献侯之后，食邑于祁，历晋景、厉、悼、平四公。"祁奚请求退老时，晋悼公问替代之人，祁奚以国家社稷为重，外举不避仇，举荐自己的杀父仇人解狐出任南阳令。解狐（？—前570年），祁县东冀里人，春秋晋国大夫，为人正直廉洁，公私分明，到任后，果然政绩不凡，深受百姓爱戴。祁奚襟怀坦白，内举不避亲，举荐自己的儿子祁午担任中军尉。祁午"好学而不戏……守业而不淫……柔惠小物而镇定大事，有质直而无流心"，任中军尉后，"军无秕政"。《左传》赞曰："祁奚于是能举善矣。称其仇不为谄，立其子不为比，举其偏不为党。《商书》曰：‘不偏无党，王道荡荡。’”

日月同光尹吉甫　吕楠《三晋明贤议》说：“至若夷、齐、吉甫、卜商，虽非兹土之产，然食于斯、居于斯、葬于斯、魂魄存于斯，又安知后来诸贤非四子之遗教也？且今首阳、西河、平遥，区区小邦，逢此四子与日月争光不朽，论三晋名贤，讵可遗诸？”尹吉甫，周宣王时期大臣，政治家、军事家、哲学家和文学家，中国第一部诗歌总集《诗经》的采风者、编纂者，被称为“中华诗祖”。周宣王五年（前823年），出征猃狁，率军反攻到太原而返，驻防今平遥城一带。清光绪《平遥县志》载：“周宣王时，平遥旧城狭小，大将尹吉甫北伐猃狁曾驻兵于此。筑西北两面，俱低。”又载：“受命北伐猃狁，次师于此，增城筑台，教士讲武，以御戎寇，遂殁于斯。”尹吉甫战于斯、筑城于斯、葬于斯，才有了今天的世界文化遗产——平遥古城。平遥“区区小邦”，凭尹吉甫“与日月争光不朽”而兴，延绵2800年长盛不衰，晋中也因平遥古城而闻名天下。

一代名将赵奢王翦　春秋末期至秦统一，大小战役二百多次。山西是战略要冲，发生过四次重大战役：①“晋阳之战”的结果是“三家分晋”，战国开始。②“阏与之战”是赵国名将赵奢率军于阏与击败秦军的著名战事。公元前270年，秦派胡阳攻赵，包围了赵国的重镇阏与。战神赵奢出奇计大败秦军，维持了两国长达八年的战略平衡。孙皓晖《大秦帝国》指出：“阏与之战后，天下战国又是一变，两大同盟隐然形成，一边是以秦国为轴心，一边是以赵国为轴心，开始了较之早期合纵连横更为酷烈的争战。”③“长平之战”是战国史上最大规模的一场战争。公元前

260 年，秦赵两国为争夺韩国上党郡（包括今晋中市的榆社、左权一带和长治、晋城等地），在赵国的长平（今晋城高平市）展开大战。赵奢的儿子赵括“纸上谈兵”，赵军最终战败，秦军获胜进占长平，由此启动了秦灭六国的铁蹄进程。④“再战阏与”赵败于秦。公元前 236 年，秦“王翦攻阏与、轑阳”（《资治通鉴·始皇帝上》），连拔九城，夺取赵漳水流域，阏与、轑阳改属秦。公元前 229 年，王翦再次攻打赵国，一年后，攻陷赵都邯郸。

其他 先轸（约前 680 年—前 627 年），春秋时晋国大夫（食邑太谷）、名将。晋文公重耳逃亡时，先轸为重耳身边五贤士之一。先轸曾辅佐晋文公、晋襄公两位霸主，屡出奇策，屡建大功。周襄王二十五年（前 627 年），狄人攻晋国，先轸率兵大战狄军于箕（今榆社县讲堂村西南）。战将毕时，先轸忽悔自己曾对晋襄公失礼，有“唾地辱君”之过。为惩罚自己，先轸毅然解盔去甲，冲进狄阵，与狄军肉搏战死。后葬于轑阳（今左权县）城南二里处。阳处父（？—621 年），春秋时晋国大夫，封邑于阳地（今太谷区阳邑村），足智多谋，文武双全。晋楚讲和、计退楚军、重用赵盾，都是阳处父之功。战国名将廉颇（前 327—前 243 年），生于平遥廉村，葬于榆社廉村。《史记·廉颇蔺相如列传》：“廉颇者，赵之良将也……伐齐，大破之，取阳晋，拜为上卿，以勇气闻于诸侯。”知徐吾，榆次人，晋国魏献子为政，以知徐吾为涂水（榆次古名）大夫。盖聂，榆次人，战国第一刺客，曾与荆轲论剑怒目退之，事见《史记·刺客列传》。士会（食邑介休），晋国上卿。

还有许多俊杰名流，虽然不是晋中籍贯的，但在这块土地上叱咤风云、建功立业、永载史册。

秦汉魏晋南北朝：祁县王温　平遥三孙

太原王氏，作为源自姬姓的世家大族，起源可以追溯至汉代，其郡望是太原郡。太原有晋阳王氏和祁县王氏两个房支。温姓祖先己姓，其后有平，因夏王少康复国（约前 2000 年）时有功封于温（今河南温县西南），即温平，其 26 代孙温乂，于周朝初年（前 1046 年）由温迁于郄（今山西祁县），至西汉温疥时形成宗族和望族。从东汉开始，祁县王氏和温氏闪亮登场，成群结队，扑面而来，堪称晋史上一大观。此外，平遥孙家东晋风流，介休郭泰名垂史册，石勒从奴隶到皇帝等赫然史册。

祁县王氏　王允（137—192 年），汉献帝时拜为司徒，少年好学，志存高远，被郭泰赞为："王生一日千里，王佐才也。"王允诛董卓，后遇害，临难赴死曰："若蒙社稷之灵，上安国家，吾之愿也；如其不获（活），则奉身以死之……，努力谢关东诸公，勤以国家为念。"汉献帝思其忠贞气节，封他的孙子王黑为安乐亭侯。从王允开始，祁县王姓大家族人才辈出，王允之侄王凌、之兄王宏（河东雁门太守），王允之后代王佑之子王思政，又有六个儿子……其事迹洋洋洒洒一言难尽，这里略。

祁县温氏　温序（？—前 30 年），《新唐书·宰相世系表》："（西汉）有温疥，封栒侯，谥曰顺。生仁，仁子何，始居太原祁县。何六代孙序。"《后汉书》载："温序字次房，太原祁人也。"光武帝建武六年（30 年），拜为护羌校尉，在今甘肃陇西县东南被捕，温序"分当效死，义不贪生"，以"口衔发仗剑而死"，光武帝赐洛阳城帝王之墓地葬之。长子温寿守孝期间，梦温序告之"久客思乡里"，上书光武帝，改葬父亲于故里祁县。从温序开始，祁县温家政文之才绵绵不绝。温序三个儿子为郎中等官，其中温恕为东汉涿郡太守，其子温恢为三国魏凉州刺史。此后还有温峤，东晋江州刺史，“讨石勒、刘聪，诛王敦以安晋室，出峤谋居多，所著有文集十卷”。温峤入《晋书·列传第三十七》。其父温儋，河东太守；其伯父温羡，官至司徒。

纵观《祁县志·人物志》，从周至清顺治十三年（1656年），记载有温家近30人、王家80余人。列入《山西通志》祁县名人225人，有政治家、军事家、思想家、文学家、书画家、戏曲家、医学家、教育家、武术家、晋商巨贾和革命家等。

介休郭泰　春秋贤臣介子推、东汉教育家郭泰、北宋名相文彦博，并称“介休三贤”。郭泰（128—169年），字林宗，人称“有道先生”，东汉太原郡介休人。郭泰出身寒微，博通群书，师从汉代大儒屈伯彦，三年博通“三坟五典”；口若悬河，声音嘹亮，名重洛阳，被太学生推为领袖。郭泰游太学时，组织了与宦官集团的斗争。之后回介休，到京师河边送行的士大夫和儒生乘车千辆。当时之人仰慕郭泰，连他下雨时湿了的头巾折角样式都成为时尚，美其名曰“林宗巾”。唐诗人李贺《南园》引典：“方领蕙带折角巾，杜若已老兰苕春。”钱穆先生称此现象为“此乃人格之改造”。郭泰教授弟子最大地发挥了孔子“有教无类”的思想，“或在幼童，或在里肆，后皆成英彦[①]六十余人”。清西北地理学家、户部侍郎寿阳人祁韵士《至介休县谒郭有道祠》：“共羡先生折角巾，当时冰鉴仰群伦；不撄一网清流祸，无愧千金谀墓人。”郭泰

① 英彦：才智卓越者。

不站队任何一个政治派别，党锢之祸兴起时，名士大多受害，郭泰得以幸免。公元169年，闻听自己的许多学生死于非命，郭泰为之大哭，哀恸而逝，终年42岁，送葬者达万余之众。东汉名臣、文学家、书法家蔡邕为其亲撰铭文。

平遥孙氏 《平遥县志·人物志》就从“孙楚、孙绰、孙盛”爷孙三人写起。如果按较完整的谱系，还有孙楚之祖孙资（魏骠骑将军）、之父孙宏（南阳太守）、之子孙恂（颍川太守）。《晋书·列传第二十六》载，孙楚（约218—293年），太原中都人（山西平遥人）也，才藻卓绝，爽迈不群。少年时就想隐居，对王济说：“吾欲漱石枕流。”王济说：“流非可枕，石非可漱乎。”孙楚曰：“枕流，欲洗其耳；漱石，欲砺其齿。”足见其高标独树、卓尔不群。

孙绰（314—371年），东晋名臣，文学家、书法家，玄言诗派代表人物。公元353年即永和九年，阳春三月，当朝丞相王导的侄子、会稽内史王羲之邀请朝中名流孙绰、谢安等人，在绍兴兰亭集会，饮酒赋诗，赏春作乐，孙绰被推举撰写了《兰亭集序·跋》。孙绰著有《遂初赋》《游天台山赋》，都是晋赋中之极品。孙绰曾对范启说：“卿试掷地，当作金石声也。”（《世说新语·文学》）辑有《孙廷尉集》。孙绰提出“周孔即佛，佛即周孔”，在我国佛教史上第一次表述了“儒佛一致”的宏论。

东晋某一天，孙绰登上寂寞的天台山，饱览山光水色后，写下《游天台山赋》：“天台山者，盖山岳之神秀者也。”孙绰一赋，名动天下。之后山水诗鼻祖谢灵运登上天台山，佛、道两教纷纷进驻开宗立派。李白、杜甫、王维、孟浩然、孟郊、刘长卿、白居易、元稹、韩愈等300多位诗人，留下了1300多首吟颂天台山的诗歌，可谓“一座天台山，半部全唐诗”。1613 年，明代地理学家、旅行家、探险家和文学家徐霞客也登上了天台山，《徐霞客游记》开篇即《游天台山记》:“癸丑之三月晦（按：1613 年 5 月 19 日），自宁海出西门，云散日朗，人意山光，并有喜态。”徐霞客没有想到，398 年后，2011 年国务院正式批复每年的 5 月 19 日为“中国旅游日”。孙绰也没想到，1600 多年后，文化和旅游部发布《关于开展 2022 年“中国旅游日”活动的通知》，确定在山西平遥古城设立主会场。平遥人也没有想到，这一切源于自己的老乡孙绰。

孙盛（约 306—378 年），孙楚之孙，东晋中期史学家、名士、官员。先后担任陶侃、庾亮、庾翼、桓温的僚佐，亦曾随桓温灭成汉、北伐收复洛阳，官至长沙太守，封吴昌县侯。晚年官至秘书监、给事中，故被后世称为“孙监”。《平遥县志》载:“盛笃学不倦，自少至老，手不释卷，著《魏氏春秋》《晋阳秋》，并造诗、赋、论难，复数千篇。”“《晋阳秋》词直而理正，咸称良史焉。”因《晋阳秋》中有些记载可能影响全家百口性命，人求改之，孙盛坚决不改。“阳秋”即“春秋”，因避讳改，实为“晋”史。旧《平遥县志》论孙家“父子祖孙风格高俊，文词淹雅，京雒江表，世济其美，称一代伟人”。民国《榆次县志》记“孙家三雄”为榆次人。那么，孙氏到底是平遥人还是榆次人？还须从历史沿革“中都县”考较，这里不赘述。

凤鸣榆次 荀蕤，榆次令，西晋人。榆次旧志载:“以德教为政，民咸怀之。咸宁二年六月，凤集其境，时以为政化所感，武帝下诏褒美之，其辞云‘就之如日月，敬之如神明，爱之如父母，乐之如时雨。’今县南有荀政乡，盖蕤去官而民思其德，故名焉。”

由于其以德为政，咸宁二年（276 年）六月，凤凰齐集榆次，晋武帝下诏赞美：接近他如接近日月，敬重他如敬重神明，爱戴他如爱戴父母，喜欢他如喜欢及时雨。民国时榆次有荀政乡，是老百姓感念他起的名字。

羯奴为帝　石勒（274—333 年），五胡十六国时期后赵建立者，虽然自己不识字，但他喜欢儒家文化，减租缓刑，开办学校，核定户籍，重新制定度量衡，促进了北方经济发展。1989 年版《辞海》："石勒，上党武乡（今山西榆社北）人。羯族。年青时被晋官吏掠卖到山东为耕奴，因而聚众起义。公元 319 年称赵王，建立政权，史称后赵。329 年初灭前赵，取得黄河流域大部分地区，建都襄国（今河北邢台），后称帝。"因五代十国时期行政区域频繁变化，榆社、和顺、武乡三个县对历史遗迹和历史文献的不同论证，至今石勒的出生地、墓地所在争议较大。《太平御览》辑录童谣："一杯食，有两匙。石勒死，人不知。"《邢台县志》有"是夜为十棺，分道两山惑百姓"的记述。但有一点可以肯定，石勒曾在和顺北乡（今石勒村）居住过。《和顺县志》载："石勒本羯奴，少游洛阳，依上东门长啸。王衍[①]惊云，此雏有异志，勒遂遁去。来寓于和之北乡，以农为业，史称勒耕于野。"《资治通鉴·晋纪》载："初，勒微时，与李阳邻居，数争沤麻池相殴，阳由是独不敢来，勒曰：'阳，壮士也；沤麻，布衣之恨；孤方兼客天下，岂仇匹夫乎！'"公元 330 年石勒称帝后，召李阳与饮，拉着李阳的胳膊说："孤往日厌卿老拳，卿亦饱孤毒手。"拜李阳为参

---

① 王衍：西晋末年重臣，清谈家、思想家。

军都尉。至今和顺有南北李阳村、上下石勒村。清和顺邑侯苏宏祖有感于此，写下《李阳村》:“千秋尚有李阳村，落日西风吊古魂；毒手遂成逐鹿事，老拳终却沤麻盆；深山何处龙鳞卧，故垒萧然燕雀村；池上英雄今已去，年年池水为谁喧。”石勒对榆社的影响也很大，现今榆社民间“羊胡”的称谓，喜欢吃“钱钱饭”，用“老麻胡”哄孩子等，都与石勒传说有关。榆社人创造“霸王鞭”，表达对石勒的怀念。

隋唐五代时期：盛世名臣　文坛俊才

综观晋中各县方志，“国字号”名人仍然以祁县籍的温、王两家为最——政坛位居高位，文坛俊采星驰。

“我起晋阳，为卿一门耳。” 温家到了北齐，出了一个温君攸，文林馆学士，温学士的三个儿子，史称“温氏三彦”。

温大雅（572—628年），字彦弘。隋初已官至东宫学士、长安尉。公元617年，李渊太原起兵，聘温大雅为大将军府记室参军，专门典掌机要。《新唐书·列传》:“温大雅。字彦弘，并州祁人。”“大雅性至孝，与弟彦博、大有皆知名。薛道衡见之，叹曰:三人者，皆卿相才也。”清康熙《祁县志》:“温大雅，性至孝，尝师文中子，与弟彦博、大有皆知名。”李渊称帝后，升为黄门侍郎，与其弟温彦博（时为中书侍郎）同列朝堂，供职中枢。李渊叹曰:“我起晋阳，为卿一门耳。”李世民即位后升任礼部尚书，封黎国公。去世后，谥“孝”。

温彦博（575—637年），字大临。青年时期与兄大雅、弟大有皆以品行、学识、文章闻名于世，号称“三温”。隋末，三兄弟追随李渊，温彦博为中书侍郎、御史大夫。唐贞观四年（630年），升尚书右仆射，爵位虞国公。温彦博位居宰相，善于言辞，每逢御前答对、宣读诏命，他都声调清朗，响彻殿堂，进退举止，雍容不迫，仿佛事先背好。温彦博一生助高祖打天下，去世后“帝甚惜之，陪葬昭陵”，谥“恭”。

温大有（？—618年），字彦将，温彦博之弟。高祖兴兵时，为太原令，与其兄温大雅同掌机要。唐朝建立，升中书侍郎，封清河郡公。去世后，追赠鸿胪卿，谥“敬”。

温家三兄弟著作等身。温大雅著《大唐创业起居注》3卷、《大丞相唐王官属记》2卷。温彦博有《左丞集》10卷、《古今诏》30卷、《彦博集》20卷，其提出的同化突厥政策，千古留名。《新唐书》《旧唐书》均载:“少时学业，颜氏为优，其后职位，温氏为盛。”其后，温大雅之世孙温佶，“安禄山乱，往见平原太守颜真卿，助为守计”。另一世孙温造，“姿表瑰杰，性嗜诗书”，著有文集18卷。

花间鼻祖。温彦博七世孙温庭筠（？—870年），晚唐著名词人，“花间词派”鼻祖。清康熙《祁县志》“温庭筠”:“字飞卿，造之裔孙。少敏悟，工辞章，与李商隐齐名，世号温李……宣宗末年，授房山尉，所著有《学海》十卷，《汉南真稿》十卷，《金荃集》十卷，又有《握兰集》三卷。”温庭筠，天赋聪颖，文思敏捷，每入试，押官韵，八叉手而成八韵，故有“温八叉”或“温八吟”之称。恃才不羁，纵酒放浪，因此得罪权贵，屡试不第，一生坎坷，终生潦倒。现存词数量在唐人中最多，收入《花间集》。李煜、欧阳修、柳永、晏几道、李清照、陆游都视温庭筠为偶像级人物，深受其影响。明代戏曲家汤显祖评点《花间集》，明朝文人间一时掀起温词热，人人读花间，少长诵温词。温庭筠与李白、杜甫、白居易并列为“唐代乐府四大家”。温庭筠的骈文与李商隐、段成式齐名，因为三人都排行十六，人称“三十六体”。温庭筠工书法，董其昌《画禅室随笔·题温飞卿书》:“湖阴曲，温飞卿书，似平原书而遒媚有态，米元章从此入门。”温庭筠有子温宪，有诗名，列“咸通十哲”[①]。温庭筠弟温庭皓，在庞勋造反中，因拒写求节度使徐商之书，被杀害，诏赠兵部郎中。《全唐诗》存其诗 8 首，生平事迹录入《资治通鉴》。

这一时期，祁县或祁县籍贯的王氏族人继续大放异彩。

君臣对王珪　王僧辩（？—555 年），字君才，太原祁人，右卫将军王神念之子，南朝梁名将。王僧辩之孙王珪（570—639 年），字叔玠，唐初四大名相之一。隋文帝开皇十三年（593 年），入召秘书省，授为太常治礼郎。唐朝建立后，历任世子府咨议参军、太子中舍人、太子中允，隐太子李建成心腹。李世民即位后不计前嫌，征召王珪回朝，历任谏议大夫、黄门侍郎、侍中、同州刺史、礼部尚书、魏王老师，封永宁郡公。贞观十三年（639 年），病逝，追赠吏部尚书，谥号“懿”。与房玄龄、杜如晦、李靖、温彦博、戴胄、魏征等人同为“贞观名臣”。

据《旧唐书·王珪传》及旧《祁县志》记载，王珪“推诚纳善，帝信任之”。有一次，太宗让王珪讲一讲房玄龄、李靖、温彦博、戴胄、魏征五个大臣的长处，并将自己与他们比一比。王珪对曰:“孜孜奉国，知无不为，臣不如房玄龄；兼资文武，出将入

① 咸通十哲：活跃于晚唐宣宗至昭宗年间的寒士诗人群体之一。

相，臣不如李靖；敷奏详明，出纳惟允，臣不如温彦博；济繁治剧，众务毕举，臣不如戴胄。以谏诤为心，耻君不及尧舜，臣不如魏征。”治理国事、辛勤操劳，自己不如房玄龄；文武全才、出将入相，自己比不上李靖；陈奏详细明了、理财出入公道公允，自己不如温彦博；把繁乱之事处理妥当、把艰难的事情解决彻底，自己不如戴胄；敢于直言、勇于谏争，自己比不上魏征。讲自己不如这个不如那个，但同时巧妙地批评太宗：批评您我是不如魏征，但对待批评，太宗您不如尧舜啊。至于他自己“至激浊扬清，嫉恶好善，臣于数子亦有微长”。意思是至于抨击坏人坏事、褒扬好人好事，我稍稍超过他们一点。“帝称善，玄龄等亦以为尽己所长，谓之确论”，史称“君臣对”。

文中子王通　著于宋代的《三字经》与《百家姓》《千字文》并称为中国传统蒙学三大读物。《三字经》有言：“五子者，有荀扬，文中子，及老庄。”五子是指荀子、扬子、文中子、老子和庄子。文中子即王通。王通（584—617年），字仲淹，隋朝教育家、思想家，隋末大儒。祖籍祁县修善村，后迁居河东郡龙门县通化镇（今山西万荣县）。其《续六经》成书后讲学，门人数百，包括陈叔达、房玄龄、魏征、李靖、温大雅、杜如晦等。王通去世后，众弟子仿孔子门徒作《论语》而编《中说》一书，共十个部分：王道篇、天地篇、事君篇、周公篇、问易篇、礼乐篇、述史篇、魏相篇、立命篇和关朗篇，是后人研究王通思想以及隋唐之际思想发展的重要依据和参考。王阳明认为王通若不早逝，定可“圣人复起”。王通之弟王绩（585—644年），隋唐大臣，被后世公认为是五言律诗的奠基人。

祖籍祁县太谷的名贤 “初唐四杰”王勃（650—676年）、诗佛王维（？—761年）以及其弟宰相王缙（？—781年），诗文垂千古，大名贯古今。关于他们的籍贯，清康熙乙巳年（1665年）《祁县志·人物志》中，王勃在“乡贤类”，王维、王缙在“选举类”。《王勃集》序“君讳勃，字子安，太原祁人也”。

白居易（772—846年）和其弟白行简（776—826年）祖籍太原阳邑，曾祖白温移居华州下邽（今陕西渭南）。白居易，字乐天，号香山居士，生于河南新郑，为唐代三大诗人之一。白行简，唐代文学家，著有传奇《李娃传》《三梦记》等，辞赋风格颇肖其兄，著有文集10卷。

五代十国（907—979年）是中国历史上的一段大分裂时期。志载平遥人薛融和侯益、榆社人王守恩和侯章、昔阳人张公铎、榆次人武行德等在乱世风云中，或征战沙场，或入阁参谋，或封爵立公，或急公好义，史册留名。

宋辽金元时期：文能定国　武能安邦

文彦博出将入相五十年 文彦博（1006—1097年），字宽夫，号伊叟，汾州（时介休属汾州）介休人。北宋时期政治家、书法家。宋仁宗天圣五年（1027年），文彦博进士及第，历任知县、通判，后由监察御史迁官殿中侍御史，后又改河东转运使，知秦州、益州，入朝升枢密副使、参知政事。庆历八年（1048年），因平叛有功升任同平章事，成为宰相。之后，被罢相、知州军；再次拜相、出判河南等地，封潞国公。宋神宗时，反对王安石变法，出判大名、河南府，累加至太尉。宋哲宗即位，司马光举荐，起授平章军国重事，参与废除新法。元祐五年（1090年），以守太师致仕。绍圣四年（1097年），降授太子少保，同年去世，终年92岁。宋徽宗时，追复太师，谥号“忠烈”。清康熙六十一年（1722年），从祀历代帝王庙。

三次改姓。文彦博先祖本姓敬，为避后晋高祖石敬瑭之讳，改姓文。后晋亡后，复姓敬。至北宋立国时，避宋翼祖赵敬庙讳，又改姓文。

灌水浮球。北宋邵伯温《邵氏闻见录》记载：“文潞公幼时与群儿击球，入柱穴中不能取，公以水灌之，球浮出。”与司马光砸缸、孔融让梨、曹冲称象同为中国四大儿童益智故事，很早就广为流传，脍炙人口。中国邮政曾于2010年6月1日发行了《文彦博灌水浮球》特种邮票。

进士“宰执榜”。在古代1300年的科举史上，宋仁宗天圣五年（1027年）的科举考试是典型的“宰执榜”：文彦博、包拯、王饶臣、韩琦、赵概、吴育、吴奎等，都是日后的宰执。在宋代，宰执为宰相与执政总名。两宋以同中书门下平章事为宰相。30年后，北宋嘉祐二年（1057年）欧阳修主持的科举考试，是一届典型的“龙虎榜”：“唐宋八大家”宋代6位，这一榜出了苏轼、苏辙、曾巩3位；思想家程颢、张载；新党干将吕惠卿、章惇、曾布；名将王韶。

与包拯为儿女亲家。文彦博之父与包拯之父早年同朝为官，相交甚厚，文彦博与包拯一起长大，同窗同谊同进士，文彦博与包拯成为儿女亲家时，包拯才刚刚卸任监察御史，文彦博庆历七年（1047年）出任枢密副使，仅用了20年便成为北宋宰执班子中的一员。

名动四夷。元祐年间，辽国派使者耶律永昌、刘霄来访，苏轼接待。殿门外使者望见文彦博，退立改容问苏轼文彦博的年寿和身体，苏轼赞之："其综理庶务，虽精炼少年有不如；其贯穿古今，虽专门名家有不逮。"西羌首领有名马，愿意把名马赠送给文彦博，哲宗特诏允许。

榆次"思凤亭"。《榆次县志》载："天圣八年，以殿中丞署县事，作思凤亭，赋诗以记其事，至今传焉。"宋仁宗天圣八年（1030年），只有24岁的文彦博，以殿中丞身份署理榆次县，景仰前贤荀藐，感于"凤集其境"之事，遂建"思凤亭"，并赋诗记"凤集"之盛事："荀令弹琴地，吁嗟集凤兮；想同桑雉扰，应并棘鸾栖；承乏今无敢，思贤古若稽。我来求旧址，即署改新题；不独怀希骥，聊将警割鸡；一窥循吏表，芳躅愧攀跻。"可见文彦博以荀藐为楷模的真心实意和做一番大事的雄心壮志。

洛阳耆英会。文彦博退居洛阳后，和富弼、司马光等13人，仰慕白居易九老会旧事，会集洛阳卿大夫中年龄大、德行高尚的人，在资圣院建了"耆英堂"，称"洛阳耆英会"，置酒赋诗相互取乐，文彦博等人须发眉毛雪白，仪表端庄，每次雅集，洛阳百姓都随从观看。

笃信佛法。文彦博晚年信佛，他曾经发愿说："愿我常精进，勤修一切善；愿我了心宗，广度诸含识。"传说他在开封，与净严法师集合10万人，举行净土法会，盛况空前。

文彦博历仕仁、英、神、哲四朝，出将入相五十年，元老重臣，功勋卓著，有贤相之誉，史称："至和以来，共定大计，功成退居，朝野倚重。"在北宋中期社会的稳定与发展中，起到了积极作用。文彦博爱写诗词，今有《文潞公集》40 卷传世。工书法、善墨翰，宋黄庭坚《山谷集》评其为“笔势清劲”，存世书迹有《祠部帖》《三札卷》《内翰帖》。

祁县王氏　宋代仍是祁县王家依靠科举高歌猛进的年代，旧《祁县志》记有王溥，“汉（北汉）时举进士第一”，“宋初，位司空；太宗时，封祁国公；卒，谥文献”。王溥历任周太祖、周世宗、周恭帝、宋太祖两代四朝宰相。赵匡胤说，“王溥十年作相，三迁一品，福履之盛，近世未见其比”。去世后，谥“文献”，朝廷停朝两天。王溥学识渊博，是五代至宋著名史学家，主持修成《唐会要》100 卷，编成《五代会要》30 卷。王溥之长子王贻孙，官至右司郎中；之孙王贻永，庆历五年（1045 年）拜为宰相。有宋一朝，王家又有 13 人封爵拜相，金元时期仍有 2 人，如王郁，王珪十五世孙，学者、文学家；王磬，元代宰相。

一代名医　高若讷（997—1055 年），字敏之，并州榆次人，北宋时期大臣。官至枢密副使。好学善记，自秦汉以来诸传记莫不通晓。颇懂历学，兼通医学，张仲景《伤寒论诀》、孙思邈《方书》及《外台秘要》久未传，悉考校讹谬行于世，世人始知有这些书，有文集 20 卷。去世后，赠右仆射，谥“文庄”。

宋辽金元时期，战火不断，朝代更迭。昔阳杨云翼，平遥侯仁宝、侯延广、梁瑛、梁天翔、杜思敬，榆次阎守恭、薛傲、赵益，灵石李武功、李实顺和薛超等，各为其主，出生入死，战功卓著。

明清时期：一门人杰　群星璀璨

明清时期，晋中商人纵横欧亚九千里，称雄商界五百年，豪商大贾甲天下，风流人物彪炳史册。除此之外，各县人才辈出，百业翘楚；家族绵延，政文俊秀。

河东三凤 太原王琼、昔阳乔宇、和顺王云凤皆为明代成化、正德年间的俊杰、名臣。三人既为河东同乡，又为同榜进士，青年时同在六部任职，以德行、文章、能力名闻朝野，中年后更有功勋载入国史，时人誉为“河东三凤”。

王琼（1459—1532 年），字德华，号晋溪。历事成化、弘治、正德、嘉靖四朝，位及三公，与于谦、张居正并称为“明代三重臣”。

乔宇（1464—1531 年），字希大，号白岩。成化二十年（1484 年）进士，历户部左侍郎、右侍郎，拜南京礼部尚书，后改兵部尚书，参赞机务。为南京兵部尚书时，朱宸濠率军 10 万出鄱阳，攻打安庆，兵指南京。乔宇指挥若定，稳住了东南半壁局势和人心，有力支援策应了王阳明的平叛行动。明世宗即位，召为吏部尚书，因直谏君过，被迫去职回籍。去世后，谥“庄简”。

王云凤（1465—1517 年），字应韶，号虎谷。成化二十年（1484 年）进士，先授礼部主事，转员外郎、郎中，弘治十年（1497 年）被李广、刘瑾诬陷下狱，次年三月被谪河南陕州，弘治十二年（1499 年）任陕西按察司佥事，奉敕提督陕西学校，后为山东按察使，正德四年（1509 年）为国子监祭酒，终至巡抚宣府。王云凤学传古今、道期圣贤。吕柟《虎谷王公行实录》记载，先生“少年趋向之正，即异流俗中，类若此。长益刻苦自励，颖悟出群。六经百家言，一诵辄不忘，文章顷刻立就。二十登进士”，“先生负经济之学，以尧舜君民为心，天下想见风采，累辞不出”，“天资豪迈，状貌魁异；智识卓越，器度宏远”，“有父在，一衣不私制，一钱不私蓄”。所著书有《小学章句》《博趣斋稿》《读四书私记》若干卷，有《虎谷集》行世。王云凤为学守敬义，事君秉忠诚，功业树中外，声名满朝野。

世出名门。王琼，伯父王永寿，明英宗天顺年间官至南京工部尚书；父亲王永亨，明宪宗成化年间任隆庆州知州。乔宇，祖父乔毅，官至工部左侍郎；父乔凤，官至兵部职方司郎中。王云凤，父亲王佐，官至南京户部尚书，明帝评价：“海深山高，月白风清，秋水寒潭，快刀利剑。”王佐从不给宦官刘瑾行贿，刘瑾说：“世言山西人吝啬，果然。”王佐逝后，明正德帝“敕修王尚书坟”。

互为知己。王云凤被贬陕州，王琼、乔宇诗酒送行。在外放奔波中，王云凤写诗文向二人诉衷肠、表怀念。王云凤落难后，王琼、乔宇数次鼎力相助，为他洗刷冤情。王云凤去世后，乔宇含泪写下了神道碑记。在此之前，乔宇只要返乡，必到和顺探望，留下了大量诗篇。

与王阳明道不同。王阳明乃一代心学宗师，与孔孟朱并称为儒家四圣。王阳明视乔宇为同袍，敬王云凤为儒宗。正德五年（1510 年），王阳明为庐陵知县，去京城述职路经南京，专程拜访王云凤。王云凤是理学大家，王阳明是心学宗师，道不同者不为谋。从王阳明留下的两封信看，两人谈得很不投机，王云凤自比“国医圣手”，贬王阳明为“乡医村汉”。

榆次二铁　周铁（1499—1548 年），太原府榆次县张庆村人。明嘉靖五年（1526 年）进士，擢监察御史，历按陕西、山东，迁文选主事。嘉靖十三年（1534 年），巡按陕西，主持修复年久淤塞、民失其利的水利灌溉工程——郑国渠，“民田受溉者数万顷”。

其间，整肃边防军纪。嘉靖二十年（1541年）养病故里，闻鞑靼部俺答带兵南下抢掠至榆次，抱病佩剑，登临城头指挥守御，榆次城免遭浩劫。后得罪严嵩，先被降职，后削职为民。时四十余岁，知奸臣当道，誓不再为官，不久病死乡里。殡葬之日，“乡井吊者填塞，几于罢市”。山西巡抚苏舜泽、按察使黄翠岩分别赠以“笃确之心，取信广众；粹美之行，不愧衾影”和“德立不朽，风树无穷；既彰三晋之英，亦系百代之仰”的挽词赞誉。二十年后，尚书杨博等人联名上疏，极言其生前“孤忠苦节”，清正廉洁，遂得平反，恢复官衔，并赠光禄寺少卿。著作有《钝轩文集》。

褚铁（1533—1600年），榆次东白村人，明嘉靖四十四年（1565年）进士，官至户部尚书、太子少保。褚铁为官执法严明，不畏权贵，历嘉靖、隆庆、万历三朝，为官36年。他支持张居正改革，治理黄河、注重边防、抵御外侮，支持戚继光等抗倭名将巩固东南海防。65岁告老还乡。嘉靖三十八年（1559年），榆次、太谷暴雨成灾，倾家仓之粮，救数百乡民。著有《从政录》《从政续录》等，总纂《榆次县志》（万历版）。

明代小说家罗贯中　罗贯中（约1330—约1400年），名本，号湖海散人。祖籍，一说太原清徐人，一说祁县河湾村人。代表作有《三国志通俗演义》等。据祁县河湾村发现的明万历三十一年（1603年）修撰的《罗氏家谱》记载，罗贯中为河湾罗氏第十三代人，即罗本。当朝新科举人罗应宿在《罗氏家谱》序言中提道：“本朝初，吾祖讳本，字贯中，流他乡，有巨著。”

戴廷栻与傅山　戴廷栻（1618—1691年），明末清初著名学者、收藏家、反清领袖。祖籍代县，明初迁居祁县戴家堡村。戴廷栻曾祖戴宾，为明朝直隶大名府通判；祖父戴光启为陕西按察使、河南右布政使；父亲戴运昌为河南尉氏知县、户部员外郎。明亡，受其父影响，戴廷栻与太原名士傅山结为莫逆之交。傅山（1607—1684 年），字青主，太原人。明末清初道家思想家、书法家、医学家。傅山于学无所不通，经史之外，兼通先秦诸子，又长于书画医学。与顾炎武、黄宗羲、王夫之、李颙、颜元一起被梁启超称为“清初六大师”。著有《傅青主女科》《傅青主男科》等，有“医圣”之名。《清史稿》有传。

清顺治十七年（1660 年），戴廷栻在祁县城内建有规模宏大的丹枫阁，作为明朝遗民秘密活动地点，交结顾炎武、傅山等从事反清复明之业，丹枫阁一时名动天下。戴廷栻著《丹枫阁记》①，委婉表达了怀念明朝立志反清的志向。傅山为丹枫阁题写匾额，为《丹枫阁记》加跋，并书写《丹枫阁记》。康熙十八年（1679 年），戴廷栻屡辞不准后，被迫赴京应试，后出任山西闻喜县训导、曲沃县教谕。戴廷栻一生嗜好收藏书画彝鼎，丹枫阁藏书、藏版、藏字画及彝鼎文物极其丰富，藏书在万卷以上。他还刊刻过数十种古籍，辑刻过数百种图书，主要有《唐诗评点》《诸子注解》《李诗评点》《元释两藏精义续编》《杜遇》《诸传奇集》等。大部分图书现藏于祁县图书馆。

寿阳祁氏父子　寿阳兼具晋中平川晋商文化和东山地下矿藏“两翼”之资源，紧邻省城太原与地级市榆次“龙凤”双城之便

---

① 《丹枫阁记》：傅山书行书法帖，有“山西本”和“辽博本”。绢本墨迹卷。文三十五行。此帖书法胎息出自颜真卿、杨凝式，环绕盘曲，墨酣意足，笔圆韵胜。此帖与常见傅山大草“一笔书”专尚翻腾缭绕之风格迥异。

利。在清光绪石太铁路开通（1907年）前，是以宗艾镇为中心向北经定襄塞外的一条重要商道。历史上名贤辈出，尤以清朝祁韵士、祁寯藻父子出类拔萃。据祁韵士《世谱引》载："余族祁氏，为晋著姓，其占籍寿阳也。自始祖河东公始，十五世传至余，世居平舒村。"我们常常以祁寯藻为祁氏家族的主要标识人物，因其世称道光、咸丰、同治"三代帝师"和嘉庆、道光、咸丰、同治"四朝文臣"，曾任体仁阁大学士兼礼部侍郎、南书房行走、太子太保。但《清史稿》还向我们展现了一个生动可敬的祁寯藻之父祁韵士，祁韵士官至户部郎中，即便在人生最低谷、距京最远处、受冤遭击时，仍然能够淡泊名利、志存高远，清慎介直、不避艰苦，乐观通达、发奋著述、乐于育人，并在边疆史地学上做出巨大贡献，成为我国西北史地学的奠基人。他在为官做人为师为文上的德才声名也与其子不分上下。这不单单是传统意义上的"父以子贵"，也是祁寯藻兄弟因其父祁韵士而"子以父荣"。

祁韵士的全能人生　祁韵士（1751—1815年），1751年8月14日生于安徽省淮南市凤台县学署，其父祁文汪时任该县教谕。睁开眼就有书有学有教官，从这样一条"起跑线"出发，祁韵士5岁识字，6岁入家塾，学习用功，成绩优异，28岁成进士，被引荐为翰林院庶吉士。更厉害时两年学习满文，期满后授编修，充武英殿纂修《四库全书》分校官，32岁任国史馆纂修官，奉旨创立《蒙古回部王公表传》，八年而书成。40岁补授左春坊右中允，41岁被和珅改补户部主事，仍兼国史馆总纂。42岁，扈从乾隆巡行五台山，往返38天。随纪昀再校《四库全书》。51岁，扈从嘉庆拜谒东陵，往返18天，同年，被派往宝泉局（钱币铸造局）任监督差，仍兼户部原差事。1805 年，祁韵士 55 岁，当年二月，有人向嘉庆申诉宝泉局亏空案，嘉庆下旨，将祁韵士（被连累）等发往新疆伊犁当差。从此，户部少了一名官员，但西行路上多了一名史地学家、诗人和“校长”。祁韵士回到内地后，60 岁到南京为松筠“襄理部务”（时松筠为两江总制）。61 岁，应陕甘总督那彦成所邀至府衙授读，十月携祁寯藻到兰州。62 岁，兼任兰山书院山长。63 岁，150 名学生感念其教泽，制“西河楷模”匾，悬挂讲台。64 岁，随那彦成任保定莲池书院山长。一年后，在任上去世，享年 65 岁。

在朝期间，祁韵士展示了他非凡的史地学才能。他完成的长达 120 卷的《蒙古回部王公表传》，是有清一代对西北边疆史地进行系统研究的发轫之作，被公认为“十九世纪西北边疆史地学研究的奠基之作”。后史地学家张穆将祁韵士留下的底稿整理出版，名《皇朝藩部要略》，成为研究新疆和西藏等地区具有开拓性的重要史学著作，并成为民国初年编修《清史稿》史料参照引用的重要来源。

在流放伊犁艰难困苦的万里行程中，祁韵士完成了日记体《万里行程记》以及《濛池行稿》《西陲百咏》《西陲竹枝词》等诗词著作。

在伊犁的三年，祁韵士协助伊犁将军松筠完成了《伊犁总统事略》12 卷编纂工作，还著有《西陲要略》《西域释地》。其他还有《己庚编》《书史辑要》《珥笔集》《袖爽轩文集》《覆瓿诗集》《筠渌山房试帖》《访山随笔》《杂录》等。

一门父子两世清华。64 岁的祁韵士在其自定的《鹤皋年谱》上写下了人生最后一段“年度总结”:“两世清华，贺者多谓余有积德。自揣耿介愚直，毫无可称，惟顶戴天恩祖佑，勖子敦品励志耳。”这一年四月，儿子祁寯藻会试得中第 97 名，复试一等第 18 名，殿试二甲第 3 名，赐进士出身，朝考第 11 名，引见改翰林院庶吉士。来祝贺的人都说祁韵士“积德”，才有“好子”，而他认为自己“耿介愚直”，毫无可赞之处，只不过是赖天恩祖上保佑，儿子人品忠厚，励志上进罢了。祁寯藻之弟祁宿藻道光五年（1825 年）中举，道光十八年（1838 年）中进士，咸丰三年（1853 年）官至江宁布政使，守南京城身亡，追谥“文节”。

书香门第耕读传家。祁韵士 64 岁春来保定，听说寯藻被赐进士、入词馆（翰林院），很高兴，在给儿子的信中写道:“余族自十世后肇启书香，及余身罔敢失坠，汝祖尝言，‘吾子孙若皆力学敦品，书种子不断绝，足矣。’今汝幸获寸进，当思继祖父之业。勉之哉，毋堕乃志。”祖祖辈辈，书香门第，教子孙好学上进、砥砺人品。“立身行己之大，服官勤政之要”“力学敦品”，这是祁氏家训的灵魂，也是父子“两世清华”的根本所在。祁寯藻在做礼部侍郎期间母亲病逝，回乡丁忧仍然不忘农业生产，写下了农学专著《马首农言》。把根深深扎在寿阳故土，是其父子进可立功业、退可安心灵的秘诀。

读志十年，历览先贤，他们成功的“最大公约数”起码有四条:

一是中华优秀传统文化的基因传承。古人皓首穷经、筚路蓝缕、千挑万选、字斟句酌、代代相承苦修县志，到底在“志”什么。从舆地志、建置志、食货志、典礼志到官政志、人物志、艺文志、杂纪志（古县志基本体例），反映了“道大，天大，地大，人亦大”的宇宙观，而“人亦大”，则强调了“人”在宇宙中的地位，所以志天志地，重点是志天地化育之“人”。在“人物志”

中，历览前贤言与行、德与功，其内在支撑根本上是中华优秀传统文化的厚重积累，如“天下为公”“民为邦本”的民本思想，“格物致知、诚意正心、修身齐家治国平天下”的家国情怀，“为天地立心，为生民立命，为往圣继绝学，为万世开太平”的人生理想和“立德、立功、立言”的价值观等。

二是以家族熏陶教育为主的“生态”滋润。从秦到清，山西或以政、文，或以史、地，或以德、孝，或以忠、义，或以百业翘楚彪炳史册的，在史界公认的太原王氏、祁县王氏、阳曲郭氏、平遥孙氏、祁县温氏、河东卫氏、闻喜裴氏、襄汾贾氏、寿阳祁氏等大家族中，晋中有三县四家，他们的家族无不是耕读传家的书香门第，他们的功业无不是守正创新的生命实践。

三是1300多年的科举制功不可没。各县文庙必设学宫、书院，官学、私学发展，教育事业成龙配套，一批批政治人才和专门人才脱颖而出。

四是晋中独特的地理区位、历史演进和人文内涵使然。表里山河的自给自足、因“胡焕庸线”斜切而过的东西差异而致交流交融、三晋居中的南北交通便利、少数民族与汉族数次南渡北归、农耕文明和游牧文明交汇撞击新生。

先贤俊杰都来自人民群众，他们共同把家国情怀与人生际遇融合在了一起，筚路蓝缕、以启山林，修齐治平、建功立业，赓续着文脉，延续着命脉，温润了晋中这块土地，厚重了晋中这个名字，塑造了晋中地域文化的深流，融入了中华文明的江河，激励着后来人以坚定的文化自信，不忘所来，知往所归，砥砺前行，再续新篇。

品读古志

古县志，载一邑之事，犹国史载天下之事。志以佐史，相为表里。

品读古县志，可领悟其言简事丰之微言大义。古县志记载一县的地理、沿革、风俗、教育、物产、人物、名胜、古迹以及诗文题咏等，为我们提供了从基层观望中华文明生生不息的独特视角。古县志是最基层、最真实、最具体、最生动的历史记载，具有“正疆界、征文献、稽吏治、观民风”以及资治、教化、存史之价值，可谓一个县的“百科全书”和“全史记录”。古县志，以其鲜明的地方特色，审名以纪地，据地以书人，大同而具异；以其特定的时空范围，兼具史与地，对应天与人，承载命与运；以其鲜明的历史观、价值观，记述民意民生，辨析政治经济，旌表先贤节烈，宣扬修齐治平；以其精练的文字表达，含英咀华，微言大义，诗文华章，美妙绝伦，序论结语，直击本质；以其具事论人、文以载道、以下观上的独特风格，定格历史，定义精神，定立思想。

品读晋中古县志，可领略历史深处之晋中盆地上发生的宏大叙事。大禹“打开三湾口，空出晋阳湖”，浩浩渺渺的“昭余祁泽薮”，在几千年演变中形成了晋中谷地的肥田沃土。晋顷公十二年（前 514 年），魏献子为政，分祁氏之田为七县，即：邬（介休）、平陵（平遥、文水）、梗阳（清徐）、涂水（榆次、太谷）、马首（寿阳）、盂（盂县）、祁（祁县），史称“祁分七县”，奠定了这些县的基本行政版图。公元前 636 年，介子推背着母亲上了绵山，在烈火中永生。唐代诗人卢象《寒食》诗赞叹：“子推言避世，山火遂焚身。四海同寒食，千秋为一人……可叹文公霸，平生负此臣。”隋开皇十年（590 年），“文帝驾幸太原”，汾河开道得陨石，置灵石县。之后重置祁县、平遥析置清世县、武乡县析置榆社县、改阳邑县为太谷县、改辽阳县为辽山县、改梁榆县为和顺县、再置寿阳县，除辽山县（今左权县）外，这些县名千年未改。宋乾德元年（963 年），北汉在祁县东观镇南团柏村建起了银冶，以供国用，在战火不息的三晋大地，货币铸造所闪闪烁烁的炉火，也许就是燃起晋商辉煌五百年那一缕星星之火，奠定了榆次、太谷、祁县、平遥等明清五百年的金融地位。

品读古县志，可领会文明融合和晋商繁荣中的“晋地使命”。晋中平川六县加上寿阳县，东连京畿，西通甘陇，北接蒙俄，南达江汉，均为“近边孔道[①]”。一方面，历史上每次农耕文明与游牧文明的冲突，山西都是“舞台”，晋中盆地更是争夺的焦点。这些县叫“驿”“堡”“寨”“道”的村子比较多，现在存在的或者曾经存在过的一座座古县城，起初功能首先是为了防卫，这些地方

① 孔道：通往某处必经的关口。

的人民也普遍“近狄好武”。另一方面，每次民族大融合，这里也是文明融合的“通道”，种族融合、文化交流，边防供需、贸易兴旺，为国家支持边地贸易进而促进“晋商大贾”开疆拓土创造了机遇。余秋雨先生在《抱愧山西》中写道：

> 你看乾隆初年山西“走西口”的队伍中，正挤着一个来自祁县乔家堡村的贫苦青年农民，他叫乔贵发，来到口外一家当铺里当了伙计。就是这个青年农民，开创了乔家大院的最初家业。乔贵发和他后代的奋斗并不仅仅发达了一个家族，他们所开设的“复盛公”商号，奠定了整整一个包头市的商业基础，以至出现了这样一句广泛流传的民谚：先有复盛公，后有包头城。

其实，还有一个余秋雨先生没有写的太谷区“闯关东”的曹三喜，也创造了一个“先有曹家店，后有朝阳县”的奇迹。从地理方位的东西向来看，无论向西京还是向北京，晋中平川都是“京师孔道”。可以想见一条条“官道”上，历朝历代有多少赶考士子、驿丞县令、豪商大贾来来往往，也曾经走过仓皇西逃一路向乔家、曹家等晋商大户借钱的慈禧。在这样一个东西南北交织成的坐标系上，就不难理解晋中盆地上有那么多的城池堡寨、寺庙石窟、官道驰道、高墙大院、银冶票号、学宫书院……

品读古县志，可领览人才辈出和政事文章间的文化大观。殷周春秋战国，箕子、祁黄羊、介子推的春秋大义，赵奢、盖聂、阳处父的文韬武略。秦汉魏晋南北朝，温序、郭泰、王允、郝昭、王凌、孙楚、孙绰、孙盛、温峤、王玄谟、王僧辩的政治智慧。隋唐五代，温大雅、温彦博、温大有、王珪、王方翼、王忠嗣、王通、王绩、王勃、王维、温庭筠的“王温风流”。宋辽金元，文彦博、杨云翼的中流砥柱。至于孙绰永和九年（353 年）的那场集会，石勒从奴隶到皇帝，王珪与太宗“君臣对”，更是彪炳史册。明清时期，晋中商人雷履泰、乔致庸、毛鸿翙、渠本翘、李宏龄等站在了那个时代的最前列，成为晋商精神的代表。仅仅一个祁县，列入《辞海》《辞源》《中国历代名人辞典》和《中华大字典》的名人有百余人。一朝一朝的俊杰，一县一县的人才，一家一家的传承，一个一个深宅大院，一座一座学宫书院、文庙文阁、武庙营房，构建起诗礼传家、家国一体的精神高地。

品读古县志，可领握岁月静好与艰难困苦里的中华精魂。在这波澜壮阔的“志”海里，既有山川壮丽，风光旖旎，也有地瘠民贫，灾祸连年；既有文人骚客风流千古，也有小民百姓度日如年；既有岁月静好，休养生息，也有战火不息，枯骨残血；既有春和景明，风调雨顺，也有蝗灾、洪灾、水灾、震灾、兵灾轮番袭扰，百姓流浪他乡，饿殍遍野……但无论如何艰难曲折，中华文化一脉相承，厚德崇孝一线相穿，修齐治平一魂相依，自强不息一气呵成。

仰望星空、俯瞰大地，以志为镜、观志知今，家国情怀油然而生，文化自信更加深沉。

『序』见初心

序是古志中最重要的部分，也是最精彩的部分。历朝历代修志初心尽在序中，故而读方志当先读序，由序而提纲挈领，逐步深入，了解故人旧事，以史为鉴，领略方志大义。

编修方志是为政之责

明嘉靖甲子年（1564 年）《山西通志 · 序》:“治天下者以史为鉴，治郡国者以志为鉴。”明万历庚申年（1620 年）《平遥县志 · 序》:“夫邑志者，即古列国史。所以著风俗、寓劝惩、存往迹、昭来世，甚巨典也。”清康熙乙巳年（1665 年）《祁县志 · 序》:“今天下郡县莫不有志。其要在正疆界、征文献、稽吏治、观民风，而以时损益之，盖经世事业具矣，故君子重焉。”郡县都有志，其基本功能是明确一县之疆界、保存往时旧迹、征集荟萃文献、考核官吏治理、观察民风民情。修志也要因时而增减，所谓“文章合为时而著”，为当代所用，为治理所资，为时代立传。所以笔者认为这是经略一县之事业，必须高度重视。

修志是责。清顺治乙未年（1655 年）《太谷县志 · 序》:“一统志，志天下事物，而修其实者维天子；郡邑志，志一郡一邑之事，而修其实者维有司。”国家之志，记天下事物，天子修国史义不容辞；郡县志，记一县一邑之事，县令（邑令）修志理所应当。

盛世修志。清康熙、雍正、乾隆朝，修志大潮兴起。目前可见清代县志多至4000余种，即可为证。清康熙《祁县志·序二》:“国家鼎运，即檄[①]修之，以为军国之赋役，民力之普存。”清康熙《平遥县志·序》:“平邑之志，漫漶已六十年矣。今适逢圣朝右文[②]之会，起而重修之。”清康熙《榆次县志·序》:“榆次为三晋名区，当秦、蜀之要路，天宝物华之盛，人文典纪之祥，载在前乘[③]者，班班可考[④]也。”“今天子恢四海之宏模，大统一之盛典，特命博通典故儒臣……指日按临。”可见修志者之荣幸、之心急、之胸怀。虽说如此，但晋中山区与晋中平川修志在种类、数量上也有伯仲之差。这说明物质条件、人才多寡，对修志有重大影响。

修志艰难。南朝才子江淹说:“修史之难，无出于志。”历朝历代，天灾人祸，志书很难完整保存。现存之志大多修于前志湮灭或残存漏页之时。清康熙年间，平遥知县王绶在为丁亥年（1707年）《平遥县志》所撰序中讲到，康熙三十九年（1700年），他到平遥一上任就索要图志，考其传记，想知道平遥的一切，但是“旧志简略，仅盈二册，宏纲虽举，节目未详，大抵遭明兵燹”。

---

① 檄：古代官府往来文书的下行文种名称之一。原指比较长的竹木简，用于书写比较重要的文书。以后用檄书写的文书也称为檄。

② 右文：重视文化教育。

③ 乘：春秋时晋国的史书称“乘”，后来通称一般的史书。

④ 班班可考：指事迹显著，原委分明，可以查考。

修志之难，平遥更甚，《平遥县志》康乃心序说：“夫为志，固非易，而为志于此邦则更难。地当冲涂，百战之余，兵尘劫火，荡然无遗。故家典籍，久与烧灰俱尽……访诸州里，如谈皇古，渺渺茫茫，杂俚殆半。”战火烧毁、家藏不善、民间不记，说起往事犹如说起三皇五帝，渺渺茫茫。史料丧失，就不能详记，“简则易遗，繁则涉杂，事不核则误，词不整则沓”（清康熙《榆次县志》刘续序）。简单了容易遗漏要事，繁琐了则太杂乱；事件不核实就会有谬误，表述不严谨就显得拖沓。民国《榆次县志》编纂时间则长达 20 年之久，参与者 71 人，其间三易县长，两任总纂。面对一本本县志，我仿佛看见历朝历代一个个编纂者皓首穷经、躬身书桌，行走百里、艰难修志的场景。

文风简约。因为残缺不全，因为惜墨如金，反而形成了“词旨简严，幽微焕耀”的语言风格。《平遥县志 · 序》：“以至沿革之始末，户口之登耗，田赋之增减，风俗之淳浇，与夫政治之得失，人物之臧否，又各附以论断，词旨简严，幽微焕耀，真一邑之信史也。”当然，词旨简严也带来了阅读理解上的困难，所以说“观史当于字字揣摩”。

其论精要。方志中的一些论述之精当，不输国史。民国《榆次县志 · 生计考》，对晋商为什么衰落做出如此判断：“慨自吾邑商富，一败于甲午之战，再败于庚子之役，终败于辛亥之变。”

民本思想是为治之道

“民惟邦本，本固邦宁。”中国古代民本思想是相对民事、官事而言，基本含义为重民、贵民、安民、恤民、爱民等。郡县治、天下安，志为县令所修，县令之要，自不待言。《祁县志 · 序一》把这一思想与“八目”[①]即舆地、建置、食货、典礼、官政、人物、艺文、杂纪做了逻辑上的关联，细品确然。

《祁县志 · 序一》：“余牧[②]兹土，行能无似[③]。然所怀抱，惟此真心实意，全从百姓起见。”意为我执掌这块土地，是真心实意、全心全意为老百姓着想的。“祁不无舆地焉，皆百姓所处也；不无建置焉，皆百姓之力也；有食货焉，百姓之力所出也；有典礼焉，百姓之教所成也。官政所以治乎百姓者也；人物所以表乎百姓者也。为杂纪，为艺文，或歌其风，或载其道，或动其修省，或端其教术，凡以为百姓也。为治之道，尽在志矣。”短短103个字中，“百姓”二字有7处。舆地是老百姓生活的地方，所有的建筑设置都是老百姓出力出钱，典礼是为了教化百姓，执政是为了百姓做好社会治理，表彰是为百姓树立榜样，杂纪、艺文是以文载道、兴观群怨、修身养性，都是为了百姓。

不仅如此，在此后的分卷也都有体现。《祁县志 · 建置志 · 序》曰：“夫县之有经制，凡以为民也。”建置所属各章节，又一一对应：“置城池，严民卫也；置县治，听民事也；置学宫，育民才也；置公署，肃民瞻也；置坛祠，重民祀也；置武备，虞民患也；置里镇、置市集，奠民居而通民财也；置坊表、置铺舍，耸民望而檄民务也；置桥梁、置宫室，便民涉而壮民观也。”这里涉及政治、

---

① 八目：相当于现代意义的天文地理、区划建制、税负财政、礼仪习俗、官吏政治、著名人物、诗词歌赋、祥瑞灾异。

② 牧：统治、管理。

③ 无似：谦辞，不肖。

军事、经济、社会治理等民生实事方方面面，皆为民也。“阙其一则疏，敝其一则陋，疏且陋民将焉赖？”少一个就缺，做不好就简陋，缺而陋百姓将依靠什么呢？民国《榆次县志》俞家骥序中，专门叮嘱后来者，他兴修水利之事一定要善始善终，因为“余宰[①]榆次凡三年，感于水政攸关，于民生者尤重，乃因旧有天一渠故道开浚之以复旧观，而榆、太邑可灌之田多至三万亩”。

政事文章是记述之体

由于政治制度、文化文明、经济发展、社会治理模式与阶段不同，折射到古县志中的记载对象和价值取向亦不同。《祁县志》周继芳序：“传世有二：曰政事，曰文章。政事、文章何为其传世也？山川有崩陁，人物有盛衰，而政事、文章不与山川为崩陁、人物为盛衰者也。”意即山川也有崩塌处，人物也有兴亡时，而政事、文章即可永久流传。所谓“汉字古今一致，行文基本不变”。然政事、文章虽不可湮灭，但“一邑有一邑之政事文章，一代有一代之政事文章，然邑有沿革，代有变迁，政事有显晦，文章有存亡”。怎么办？“恃以传世者，非志曷与！”能够传世的，除了“志”还有其他什么吗？

政文辉煌。在各县县志序中，皆列该县从古至编写之时的封邑之人、政治人物、文化巨杰，无不受苍天垂爱、厚土培养、人文浸润。以祁县为例，《祁县志・序》：“祁为烈山肇国，有熊之胤胙，丹陵之迁土，政事人文尚已。”烈山，即炎帝；肇国，指开

① 宰：主管、主持。

始建国；有熊，即黄帝；胤胙，指有国而子孙相继；丹陵，传说中尧的诞生地；迁土，迁离乡土。寥寥数语，政事人文概述达到极致，无与伦比。“以逮祁奚、贾辛，政事彬彬也。”逮，到；祁奚，即祁黄羊，食邑于祁县；贾辛，前 541 年魏献子分祁氏之田为七县，贾辛为祁大夫；彬彬，即政事卓越。“至于子师，仲淹，其政事文章有裨天下，不独祁一邑为然。”子师，即王允，东汉司徒，设计除董卓；仲淹，即王通，别号文中子，隋朝思想家、教育家。说到温大雅、温彦博、温大有、温佶、温造一家更是厉害。唐高祖李渊就说“我起晋阳，为卿一门耳”。李渊说，我能崛起于晋阳，多亏了你们温氏哥三个啊！温氏哥三个是指温大雅、温彦博和温大有，他们三人在武德元年（618 年），同时出任中书侍郎，职掌国家机要，史称“温氏三雄”。中书省是大唐帝国的最核心机构，中书省中书令就是秦王李世民，中书侍郎是中书令的副职。由于李世民经常率军出征，温家三兄弟事实上相当于代理宰相，掌握着朝廷的所有机密，并参与皇帝决策。

参与编修《祁县志》者，戴廷栻与傅山《丹枫阁记》的文人雅事及壮志雄心、虚实相间与文章书法传为佳话。戴廷栻“庚子九月，梦与古冠裳[①]者数人，步履昭余郭[②]外”，而见“松末拥一阁，摇摇如巢焉，颜[③]曰丹枫”。之后，依梦筑阁，写下赋记，并请傅山书之。傅山听梦说梦，洋洋洒洒，留下了这篇可以和王羲之《兰亭序》、颜真卿《祭侄稿》相媲美的艺术精品——《丹枫阁

---

① 冠裳：指穿着官服。

② 郭：古代在城外围加筑的城墙，借指城。

③ 颜：指匾额、牌匾。

记》，“一时名满天下”，人称“《兰亭序》之二”。在祁县历史上，政事、文章之风流人物确实洋洋可观，名垂史册。

天地人伦是架构之据

《平遥县志》康乃心序：“《易》不云乎，有天地然后有万物？故首志星地。”《礼记·礼运》曰：“人者，其天地之德，阴阳之交，鬼神之会，五行之秀气也。”人为天地之子，为万物之灵长，天、地、人融为一体的“生命一体观”思想，决定了修志体例和每卷之间的内在关系。

戴光启在《祁县旧志·序》中写道：“邑之事，莫先于风土，故首之以《舆地志》，舆地示可经也。有舆地则必有创设，故次之以《建置志》，建置示可饬[①]也。有创置然后有财用，故次之以《食货志》，食货示可制也。食足然后有礼，故次之《典礼志》，典礼示可率也。礼者，履也。率而履之，存乎官，故次之以《官政志》，官政示可劝也。官师立而善人多，故次之以《人物志》，人物示可观也。有德人斯有德言，故次之以《词翰志》，词翰示可考也。事变无穷，词翰不足考焉，故终之以《杂纪志》，杂纪示可鉴也。”天地生万物，耕凿兴，上贡钱财，以仁导民，饱暖后知礼仪，知礼仪做表率；做表率，主要是官员，百官善而有德有才之人多，有德有才之人才有诗文辞章，书不尽言才有里巷歌谣。此段文字的精彩剖析，让我们看到了人立于天地之间，所生、所创、所食、所礼、所著，突出了天人合一之认识论；宣扬了为官做表率，知行合一，

---

① 饬：有条理。

以身作则的价值观，所谓政声人去后，得失民心知。知有所述，必录于“官政志”“人物志”。有德之人之有德之言，就要录至“词翰志”，这样于后人可劝、可观、可考。事物变化无穷无尽，所以关乎祥异、仙释、方伎之杂事，录至“杂纪志”，也可为后人鉴也。

其他县志也大体是如此结构，但有个别差异。明万历《太谷县志》编排结构为：舆地志、建置志、食货志、学校志、秩官志、选举志、人物志、杂述志、艺文志。《太谷县志》单设了“学校志”，因为“学校有兴起之机”（万历丙申太谷县儒学训导夏县裴一谏撰《太谷县志·后序》）。此志“学校志”一卷开宗明义，“学校者，储养人才之薮[①]也”，“虽荒服[②]郡县亦建学校，而学田、书籍，无非为学校而设”，“身师帅者，先德教而后吏治”。用今天的话来说，就是“学校是人才的摇篮”，“再穷不能穷学校”，“先育德后有吏治”。

清康熙《平遥县志》，将“田赋志”“祠祀志”单列。关于单列“田赋志”，县令杨廷谟说：“赋役系国家根本，关生民命脉，少不得其平，则财枯竭泽，力疲奔命，如之何不穷且盗也？况平遥地苦沙薄，更多山涧，环视汾属[③]，地独硗[④]而粮独重。轻役薄敛，在长民者[⑤]加之意焉。”平遥土质硬，田地不肥沃而粮食

---

① 薮：人才聚集处。

② 荒服：古“五服”之一。指离京师二千至二千五百里的边远地方，泛指边远地区。

③ 汾属：其时平遥隶属汾州。

④ 硗：土质硬，不肥沃。

⑤ 长民者：为民之长；官长。原指天子、诸侯，后泛指地方官吏。

征收任务重，减轻赋役，需要统治者倍加留意。将“祠祀志”单列，突出教化作用，其志曰：“为政之道有二，曰治民、事神而已。治民者，养之、教之，所好好、所恶恶也。若夫神，则造化之枢，而即民之所以生成者也。历观春秋以来，享祀丰洁、登豆告虔，其义备矣。”将“祠祀”提到为政之高度，也是古代县令职责所在。

崇祖礼贤是传道之魂

崇祖礼贤是传道之魂，体现在以下三个方面。

一是无县不颂陶唐遗风。明万历《太谷县志》：“太谷为唐虞故地[①]，风俗称美……乐善循理，有古人之风……风俗近敦厚，人知礼让。”清康熙《祁县志》：“唐虞为并冀[②]域”，“君子谓有陶唐氏[③]之遗风焉”。清光绪《榆次县志》：“邑境俗号敦庞，习于俭啬，犹有陶唐之遗风。”清康熙《平遥县志》：“尧帝初封于陶。”关于“陶唐”，解释颇多，我们采用《汉语大词典》的说法：“古帝名。即唐尧。帝喾之子，姓伊祁，名放勋。初封于陶，后徙于唐。”至于“陶唐遗风”，柳宗元《晋问》谓之：“俭啬……善让……好谋而深……和而不怒……而畏祸……恬以愉。”清康熙《祁县志》谓之：

---

① 唐虞故地：唐尧与虞舜的并称。在很多史籍中指代中国中原地区，唐虞之地是与四方民族的方位相对比而言。《史记·匈奴列传》：“唐虞以上有山戎、猃狁、荤粥，居于北蛮，随畜牧而转移。”

② 并冀：九州之并州、冀州。

③ 陶唐氏：传说中的远古部落名。唐尧治地，位于平阳（今山西临汾西南），尧乃其领袖。

“尚勤俭、敦孝悌、重廉耻、崇节义、勉忠厚、耻浮薄、忧深思远、士修实行、好学不倦。”

二是无县不为功勋食邑。祁县为“春秋时晋大夫祁奚食邑”，太谷“距晋阳百余里，故阳处父之食邑”，平遥更是厉害，明成化《山西通志·建置沿革》载：“平遥县，古陶地，帝尧初封于陶，即此。”

三是无县不祀先贤名士。清康熙《祁县志·序》：“士各得心则气以平，士各如心则形以和；气平心和，以之而赞皇化翊圣真。如奚、如狐，志明扬也；如珪、如造，志壁谗也；如大雅，志夷夔也；子升、庭筠、仲舒、维溥，文志焕也；序懿茂青，武志备矣。而三温、六龙，尤不减元凯当年。至如子师、太真，筹画国计。”以上所列先贤名士，均为“旷世奇人”。其“神崖自崇，量海莫测”，“事功、节义、经学、文章之帜，为千古上下之一二人”，当必使“山川为之生荣”。浩浩乎政事，郁郁乎文哉，光芒四射，文曲星河中漂过几个字：格物致知，诚意正心，修齐治平。

惟实则公是取舍之“绳”

《荀子·劝学》曰：“木受绳则直，金就砺则利。”遵实、求实、写实，是县志编撰的不二准则。明万历《榆次县志·序》开篇即曰：“夫志岂文具也乎哉？述事纪言，昭文献于一时，而垂劝惩于来祀，要以实胜焉。惟实则公，公则传志始非臆说耳。”方志撰写为什么要面面俱到？因为所记事件和言论，不仅在一个时间段内昭明，更要把是非得失流传于后世。所以方志编撰要以“实”为“胜”，只有“实”才能“公”，只有“公”才能传承下去。因此，绝不能臆说。

清康熙《祁县志·序》就毫不避讳“祁弹丸邑，近边孔道，两驿冲疲，军兴络绎，供役无休暇，民力不堪”之事实。编撰者说:“使无以志之，则国史院无书，何以知一邑利病之所在？观风者无以采，何以悉一邑甘苦所独？亦何以廉尹一邑者之勤若职于百姓，怠若事于百姓，而一邑百姓之情形皆入于为上者之目哉？”祁县一个面积不大的小县，由于是“近边”之“孔道”，军事不绝，老百姓因供给、服役，没有休养生息之时，民力实在不堪重负了。如果县志记载不实，只唱赞歌，那么国史院就不会将这些事实写进去，国史院不写，朝廷怎么会知道一个县的利弊是什么呢？掌管一县的父母官如果不知一县百姓的甘苦，又怎么能够为一县百姓尽职履责呢？如果怠慢于百姓，又怎么能够把百姓之困苦让上级知道呢？

汾河，在晋中流经榆、祁、介、灵四县，古人通过“穿渠引汾”灌溉土地。古县志对汾水之利多有记述。降大任《山西史纲》记载，明朝嘉靖、万历年间，榆次县疏通或新修了12条水渠，使之成为膏腴之地。太谷县有渠54道，嘉靖中订立了引水规则，“由源及尾，均以其利”。但也不惜笔墨记述了“水害”。《平遥县志》载：雍正十二年（1734年)，汾河东徙，经由平遥县界，不入汾阳境。乾隆三十二年（1767年）七月，汾水涨，官地村水深丈余，男女栖身无所，月余水退，方各归。光绪四年（1878年）九月，连日阴雨，汾河淤塞，20多个村尽成沼泽，房屋、田禾淹没半数。至于徭役赋税之不堪重负也没有避讳之。民国《榆次县志·序》:“榆乃冲繁之区，兵役浩烦为全省冠，官绅悉从事于此，不暇及也。”兵役之重且繁，官吏乡绅都忙于此，无暇顾及其他了。

古人已去，惠留古志；古今穿越，深意在“序”；“序”见初心，微言大义。品读古志，不禁朗声吟咏东坡先生之盖世名言：“盖将自其变者而观之，则天地曾不能以一瞬；自其不变者而观之，则物与我皆无尽也！”

山河不改

“舆地志”往往是方志中的首卷。每当品读“舆地志”，我总是不禁感慨：“郡邑虽迁，山河不改。”

舆地，即大地；地理。唐司马贞《史记索隐》说：“谓地为‘舆’者，天地有覆载之德，故谓天为‘盖’，谓地为‘舆’。”天地对人有覆载之德，所以天地为大。县志首卷志为“舆地”，其高天厚地、天人合一的思想一目了然。当然，方志修于不同年代，经不同编纂者之手，其名称亦有不同。如，清康熙四年（1665年）《祁县志》首卷为“舆地志”，康熙十二年（1673年）《平遥县志》首卷为“地理志”，康熙四十六年（1707年）《平遥县志》首卷为“星地志”，民国《榆次县志》首卷为“方域考”。不过，无论名称如何，作为卷首志，其“一邑之概”的性质不言自明。

一邑之概

历史长河，奔流不息；中华文明，血脉相连。一郡一县在历史长河中如一叶扁舟，属辖不定，治理不同，但却山高水长，故土依旧。一如清康熙《平遥县志·地理志》按语所言：“郡邑虽迁，山河不改。”康熙《祁县志·舆地志·序》曰：“祁为太原属邑，昔称名胜，不有详述，虽胜弗传。故首图考以志形，次沿革以志变，疆域以志广轮，星野以志分域，山川形胜以志险要，风俗、节序以志习尚，古迹、丘墓以志遗踪。一邑之概，若列眉①焉。”祁县从西汉复置始，属太原郡，唐宋属太原府，金属晋州，元属冀宁路，明清属太原府。过去所称的名胜，没有详细记述，虽为胜迹但没有流传下来。所以首先以“图考”描绘县境、县域、县治、学宫等形制；其次以“沿革”来厘清从古至今一县之史演变过程；再次以“疆域”标明县域之面积界限，以“星野”来观察所对应的山川地域，以“山川、形胜”注明关隘、要塞，以“风俗、节序”记载一地之时令、习俗、风尚，以“古迹、丘墓”印证先贤往圣的遗踪。这样，一个县的大概，就确切无疑了。

明万历《太谷志·舆地志》开篇也说：“舆地不分，界限孰明？兹首沿革，纪舆地之源委；次星野，察舆地之分属；次疆域、城池、里甲，而知舆地之广狎（狭）；次山川、形胜、桥梁，而知舆地之险要；风俗、节序，舆地之习尚也；古迹、冢墓，舆地之遗踪也。不事跋涉，而一邑之规模，了然在目矣。”舆地分不清楚，疆界就无法明了；然后先理清楚沿革，把一个地域的历史原委记述明白；地法天，观察星空与舆地对应的星野分属；然后记述疆域面积、城池分布、区划户口，就可以知道区域的广大或狭小，看了“舆地志”，不用跋山涉水，一个县的概况也就一目了然了。民国《榆次县志》卷一改“舆地志”为“方域考”，意同。

① 列眉：两眉对列。意为显而易见，无可怀疑。

“图考”资治

明、清县志“图考”部分或在“舆地志”前，或在“舆地志”序后。《平遥县志·地理志·图考》按曰：“周掌职方，汉收秦籍，则版图为国家分土授民之首务，是故君子不出户庭而周知四境者。”《祁县志》对“图考”功能作用做了精辟论述：“萧何从汉高祖入关，先收天下图籍，知天下户口、扼塞之数。按图知形，因形敷治，为政之道在是也。”版图分授是国家的“首务”，只要有图，足不出户就可知“疆域”。职方氏，周代官名，掌天下地图与四方职贡。汉高帝元年（前206）十月，刘邦入咸阳，萧何趁乱悄悄地搜集秦朝丞相府、御史府、太史署等部门的图书律令等资料，完好地保存了秦朝的典章制度、法令以及天下关隘地形图、全国各地户口档案等资料，了解了全国各地的基本情况。先看图籍，按图施治，这就是为政之道。相当于我们现在干一项工作的“挂图作战”。

至于“舆地志”收有哪些图，《祁县志·图考》这样说：“图城，则保障之思不下阶序而了然矣；图县治，则临莅之谟殷然矣；图学，则教化之方馨；图境，则奠丽柔能之政不出境而洋洋四溢矣。”这段话有两层意思。一是图有“四张”：县城图、县衙图、学宫图、全境图；二是说明“四图”的功能：县城具保障功能，县衙为办公出谋划策之地，学宫是教化礼仪法度之所，县境内施行仁义之政可全面覆盖。明万历《太谷县志》也有这四图。随着社会发展、制度进步、经济繁荣，“舆地志”中的“图”有所增加，有的还增加了“表”类。其资治功能更加凸显。如民国《榆次县志》除上述“四图”外，还有“各区分图、山脉河流图、交通图”等，另有历年户口、税收、粮食、畜牧、林木、学生人数、职业分布等“表”。

“四图”一般为“图考”标配。不过，清康熙《平遥县志》的“图考”除常规“四图”外，还有“十二景图”“名胜图”十余幅，大有“跟着图志游平遥”之意味。对于这些图的作用，明崇祯年间增刻万历四十八年（1620 年）《平遥县志》杨廷谟序说得很好：“生斯地，游斯土者，诚龟鉴斯志，仰止循良之芳踪，景行贤哲之令仪。于诸贤达若羹墙见之，旦暮遇之。砥砺澡濯，俾名垂永久。直与超绵并峙、汾沙同流，庶不负圣天子建邦启土至意。不则徒侈谈往迹，逊美前休。”杨廷谟的意思是：生活在此地，或游历此地的人，一定要以此志为参照，敬仰良善之人的行踪，学习贤哲之人的礼仪。看见这些美图，就好像与这些贤达早晚相见，互相砥砺，修省自身。至于看见超山、绵山挺峙之壮，汾河、沙河并流之美，就不负圣人建国拓土的至诚之意了。否则就白白侈谈旧迹，逊色于前人的赞美之词了。

“沿革”说变

清康熙《祁县志·舆地志·沿革》：“一代定鼎[①]，更物改制，兴革之故必有其源委焉……守兹土者，其何所稽？故重沿革。”建立王朝，改朝换代，一定有勃兴改革之缘由。守土有责，必究其演变进程及原委，所以修志者十分重视沿革。

综观祁县、太谷、平遥、榆次四个县志之“沿革”，共同点

① 定鼎：传说夏禹曾铸九鼎，置于国都，为传国之宝。后来就用“定鼎”指定都或建立新王朝。

是地相接，史相近，关联性强。如同属“九州”之冀州，同属“十二州”之并州。随朝代更迭，秦属太原郡，晋属太原国，隋属并州，元属冀宁路，清属太原府。且均因“祁分七县”而分出，天时、地利、人文相同相通。

具体而观之，各具精彩。祁县，“泽薮昭余祁”，可谓晋中盆地之“底版”，而又是春秋晋大夫祁奚之食邑。晋灭祁氏，分祁地为七县，又为“七县”之“母地”。一字之名，几千年“祁”字未改，其他如“绛县”“蒲县”等山西古老地名，令人肃然敬之。

太谷，为春秋时晋大夫阳处父封地，本叫“阳邑”，汉新莽时改叫“繁穰”，“繁”即繁盛，“穰”即成熟待收的谷物，丰收的味道就出来了。隋文帝时期是改县名高峰期，“太谷邑，南面凤巅，坐拥嶙峋，东流象水，环绕襟带，实山水形势之地，为晋阳之屏丽者也”，“因县西南有太①谷”，故改阳邑为太谷。

平遥，县治悠久，先后有尧城、京陵城、中都城、清世县、坞城、平陶城、平遥县等之更替。古陶是尧初封的，秦汉叫平陶，属太原郡，北魏因为太武帝名焘，为避讳，改叫平遥。西汉时平遥曾治京陵、中都二县。公元448年，中都县治迁至榆次县东，北齐时榆次县名曾为“中都县”。这就涉及“孙楚、孙资、孙鉴、孙统、孙绰、孙盛”是平遥人还是榆次人的问题。于是，这两个县的县志均有所记。至于孙家父子兄弟籍贯属哪个县，清乾隆《榆次县志·人物》篇中就有“异议”：“榆次亦为古中都地，府志楚（孙楚）传直云榆次人……省志以楚入文苑传，而云平遥人，或恐失之。”

---

① 太：高，大。

人物籍贯之争，看来古已有之，谁让孙家子弟太优秀了呢？

感天动地

“舆地志”中，“星野”与“疆域”是天地相对应的，不是简单的物物相应，而是天地感应。

明万历《太谷县志·舆地志·星野》引张衡语：“众星列布，体生于地，精成于天，列居错峙，各有所属。”人体于地而生，精魂于天而存，各在其位，错落有致，此谓“天人感应”学说。既然皇帝为“天子”，其他人无法惩戒其过失，就用天象变化来警诫，确为积极有效之论。“山川精气，上为列星。”大地万物，与上天诸星一一对应。《周礼》：“保章氏以星土辨九州之地，所封封域，皆有分星，以观妖祥。”保章氏，周代观察明显反常现象和气象活动者的职务，通过观天象变化，以观察对应地域所在州县有无“妖”“祥”。“祥”“妖”，于国为战争胜负、帝王得失、王朝兴亡，于地方为水旱灾荒、年岁丰歉。有意思的是，祁县、太谷、平遥三本古县志的论述，可谓“三家争鸣”，既敢于存疑、质疑，又能注重其“实用”价值。

《祁县志·舆地志·星野》论曰：“祁绝长补短，仅方百里，其于星野不过分秒[①]之间，亦甚小矣。昔子产不信裨灶[②]之言，而灶亦无验，是人定固能胜天，而天定亦能胜人。精斯术者，析及微

① 分秒：空间概念，周天十有二次，次有三十度，度有分秒；天之一度，在地为二百五十里。

② 裨灶：春秋时郑国大夫、方术家。精于天文占候之术。《史记·天官书》列其为“昔之传天数者”之一。相传善观星宿变化以预测人间吉凶。

渺，其有动人修省之志欤？矧地常静定而星乃变动不居乎？”由此可知，一是祁县取长补短，地域方圆不过百里，相对应“星野”不过“分秒”，县域面积的确很小。二是从前子产不信裨灶关于郑国将要发生火灾的预言，而裨灶预言不是也没有应验吗？可见人定固然能胜天，天定亦能胜人。那么什么是“定”？心安即定，志坚即定，性静即定。所谓“心安茅屋稳，性定菜根香”。相反天的力量亦能胜人。三是“天人感应”不过是叫人有自省自修之志，借天示人而已。清顺治《太谷县志·舆地志·星野》论曰：“孔子作《春秋》，纪灾异未及于事应，何哉？圣人亦论其人事而已矣！”《春秋》所记灾异很多，但没有写哪方面都应验了，为什么？因为圣人亦是论“人事”的。所谓尽人事、听天命，人做好人该做的事即可。四是作为县一级，“诚修德以尽人事，则五星列宿，且各循其轨，一方一隅可知矣！又何至于垂象示儆而议结哉？”只要修德做事就行了，至于天上星宿，各遵循其轨道运行，怎么会知道一个地方一个角落，又何至于显出异象去显示儆戒、结案审议！

而《平遥县志·星地志》县令王绶的“序”中，则是一番“平遥自信”状。平遥“古陶地，帝尧初封于陶即此”，对应上天“参星”，如此则陶唐之风馨然：“暇日登高望远，漠漠悠悠，惟见山高而水清。数千百年欲溯中天之盛，寻封国故处，盖邈乎不可得闻矣。然而日月如故，光景长新，星云烂漫，犹帝之光华也；山河流峙，犹帝之奠丽也；夫耕妇织，比户晏[①]然，犹帝之烝[②]民也；

① 晏：平静；安乐。

② 烝：众多。

勤勤孜孜，早夜不休，犹帝之作息饮食也。《易》曰：‘仰则观象于天，俯则观法乎地。’《语》曰：‘上下四方为宇，往来古今为宙。’陶虽一邑乎，引而伸之，触类而长之，百里外内，实有恭让之风，万邦之象焉。”由天及地，由“尧”及“陶”，由平遥一县之万象比及陶唐之遗风，祥天瑞地，礼仪恭让，同于九州；禹迹殷土，昭峻道远，类于乐土！

山川形胜

山，山岳；川，江河。形胜，好山好水好风景。在古县志里，“山川形胜”占有很大分量，结合古人赞美山川形胜的诗词歌赋，我们似乎看到了“人生三重境界”。

一是看山是山，看水是水。总体看，“左手一指太行山，右手一指是吕梁，你看那汾河的水呀，哗啦啦地流过我的小村旁”。从古县志来看，太谷、祁县、平遥、榆次之山川形胜特征，各有特点。

祁县之“渠” 清康熙《祁县志·舆地志·山川》，除记载了“七山一岭一河四水”外，特注明“附原、坡、洞、窑、渠、池、泉、井”，可见其“水利”发达。此志记载了“十三渠三池三泉三井一‘海眼’”。“渠”乃人工为之，祁县先祖们“浚昭余以广水利，增支渠，筑堤防，以弥河害”。昭余祁泽薮到明代“世远涸卤，元至元十一年，浚得细水，为昭余池，岁溉民田及隍下树木。旁建成汤庙，后池水涸。顺治九年，池水复溢”。水利或是水害，人是关键，科学引导是根本，虽不及“都江堰”之宏伟浩大，但晋中平川大地上的水利建设，自古及今确为一大壮举。

太谷之“谷” 明万历《太谷县志·序》：“尝登凤山之巅，游象水之滨，见其水深土厚，民物阜殷。”可见太谷山川大地，何其壮美肥沃。此志所载，明时太谷“五山六河二岭二泉五谷”，不同于其他县的地方就是记载了“谷”这种地形地貌。有谷就有水，如象谷，阔三百步、长四十六里，“晋阳东南一百里至山，其近有象谷大道，度轩车岭，路通于武乡县，谷中有水，即象谷河”。咸阳谷，“秦伐赵，筑城近谷口，以咸阳兵戍之，故名”，谷中有水即名“咸阳水”。

平遥之“山” 平遥县最高的山是孟山，海拔1962米，在平川罕见。超山，海拔1200米，“视诸山独异，以其超出，故名”。《冢记》其山“高三百三十六丈，横百余里”。超山周围全是名胜，如紫盖峰，紫光紫色如盖；文殊顶，传文殊菩萨曾歇脚于此；清光峰，峰常放光，照彻山谷；观音坪，在超山之西；宝塔岩，传塔藏舍利也。超山还因一人而过，名垂史册。元太宗十一年（1239年）八月十四日，大文学家、历史学家，号“北方文雄”的元好问，从太原去山阳路经平遥，在超山住宿题石，字如拳大。至于题的什么字，志中未记。

榆次之“冲” 榆次近太原的特殊区位，由其众多山川共同构成了一个特殊的地理特征——冲。冲，通道也。从民生、官政来看，清同治年间《榆次县志·序》：“榆次，古并州治，民物殷繁，山川险要……顾瞻太行，遥通秦陇、巴蜀，迎送供亿之使，络绎相望于道，其地固称繁剧哉。”以太原为中心，通达东南西北，人流、物流、车流、信息流，历来又“繁”又“剧”。从战略（战争）位置来看，“东接上艾井径，南联辽潞诸关，北仰幽燕蓟云，西驰滇黔川陕，地当冲要”。从省内位置来看，“远以寿阳、辽县、和顺为屏蔽，近与阳曲、太原、太谷相襟带；升高以望，连山拱峙乎东北，二水流润于西南。自昔以来，地多用武，是以擅雄剧之称，为都邑之胜”。面对如此险要之地、通达之所、繁荣之邑、战火之场，“莅斯土者，宜有所儆焉”，到这里做官为吏的人，一定要有所敬畏啊！

二是看山不是山，看水不是水。山川本无意，文人意寄之。所有县志中都不乏“八景”“十景”之篇，而且名宦先贤或文人墨客写了大量诗词文赋赞美。如《祁县志》载“八景”：麓台龙洞、昌源春水、帻山晚照、龙舟夜月、高峰积雪、故县龙槐、一柏二井、沙城断碑。太原傅山是祁县的常客，由于他特殊的政治情怀和个人风格，祁县八景在他心里别是一番滋味。如：“麓台洞口树冥冥，老栝长松响不停；龙去深林风雨黑，龙归雨歇满山青。”后两句“龙去”“龙归”意已不在景了。再如：“昌源竹子临春水，镜里云梢照影劳；若得才人似长吉，不妨斫取写离骚。”又如：“夜半沙城月黯然，秋风双雁影连翩；杜鹃不解相思死，口血空啼二月天。”其他县咏景寄情寓意之诗文均载于《艺文志》，篇幅关系，就不举例了。

山川本为物，何处能载“德”《祁县志·舆地志·山川·序》：“《易》曰：地险，山川丘陵也。在德者不恃焉。蕴积隆厚，代产伟人，是山川之能增重于国也。财货殖宝，兴物阜人熙。”山川奇险，有德者是不依赖的。积聚丰厚，代出伟人，这是山川对国家的赋能增色；有矿产宝藏，才有财物丰富、众多人口。这样说来，山川就有了恩养人类之“德”。

山川本天然，有人自增色《祁县志·舆地志·山川》记此地有“海眼”：“离城三十里，在马射湾。有泉出其下，上建水母庙。

李（公）自问起长啸楼，读书其中。林木翳然，植以松柏，周以池沼。夏，莲花盛开，中凿方池，畜金鱼数百头。一可方舟，以采莲。建亭跨两池上，大似江南风景。水至冬不涸，土人相传为海眼云。”本来一自然“涌泉”，经李公这么一番“折腾”，莲叶荷田田，鱼戏莲叶间，乘舟泛池上，祁县当江南。

三是看山还是山，看水还是水。山川就是山川，也有崩塌、涸竭时，保护为第一要务，《祁县志·舆地志·山川》论：“山竭采樵，泉多塌隐。潦[1]则河涨，田多冲没；旱则涸槁，苗无以兴，民将何所利赖耶？”伐木过多，山林就没有了；采水过频，土地塌陷，水源就不见了。雨水大则河流猛涨，土地会被冲没；遇到天旱则土地干涸，庄稼就没办法生长，苗不兴，粮不收，百姓靠什么生活？这就是如何可持续发展的命题了。答案在于：“宜严山禁以毓灵秀，浚昭余以广水利，增支渠，筑堤防，以弭河害。”应该封山禁伐，以孕育青山绿水，疏通昭余池发挥水利作用，增加支渠，构筑堤防，以防水害。再加上：“修樽节教养之政，开育材富民之源，岂非今日当政讲求者乎！”养成节约的风尚，开启育材富民的财源，这才是为政者所追求的。

风淳节序

榆次、太谷、祁县、平遥四县虽属晋中平川，但也是“十里不同俗、百里不同节”。《太谷县志·舆地志·风俗》：“先王疆里天下，风气不同，民俗斯异。故曰广谷大川异制，民生其间异

---

① 潦：涝。

俗。”在“节序”一节中曰：“天有是时，则人有是事。故气候之推迁，时令之代谢，天道之变也。”前句言“风俗”，因地理位置和疆域区划不同、生活习惯不同，民性民俗亦不同；后句讲“节序”，因天有四时，人有万事，随气候变迁，时令代谢，这就是天道之变。有天道之变，人道必须顺变：“而人之应于下者，或感时而兴孝，或因物而崇礼，或抚景而骋怀，顺时而达变也。然风土之好尚，民志之朴伪，亦于是而可验者。”人在天之下地之上，或感于时令而行孝兴孝，或因为物之丰盛而崇礼尚义，或见良辰美景而心花怒放，须顺时令而变。一个地方的自然环境，决定了一个地方的风俗、习惯，进而影响了百姓的秉性真伪，这都是可应验的。

观四县古县志“风俗”“节序”，共同点很多。

风俗上，均称唐虞故里，风淳俗美。太谷“风俗”一节所记可以作为代表：“按《汉志》，其士急进趋，好经术，尚节义；《隋志》，乐善循理，有古人之风；《元志》，风俗近敦厚，人知礼让；《一统志》，民多质俭而力农，士尚节气而务学；《元宣圣庙记》，土厚风淳。”归纳起来就是：士人多激进、好打抱不平；乐于善事、遵循礼仪，有古人之风尚；风气敦厚，人人知道礼让。总之就是尚节俭、勤耕治、敦孝悌、重廉耻，百姓多质朴务农，士人重节气务学，这就是陶唐氏之遗风。

节序上，正月正，夙起祀神、拜贺尊长、亲朋递相拜贺；正月十五，上元节；二月二，食黄蒸，头天晚上以灶灰围屋以避诸虫；三月三，昧旦[1]以杨柳枝鞭卧房四壁，贴青龙、白虎字，以除

① 昧旦：天将明未明之时。

蛇蝎诸虫；三月份有清明节，扫墓添土，竖秋千，放风筝；四月八，赶庙会；五月五，过端午节；六月六，晒衣、储水、造曲酱；七月七，女子设酒果拜织女以乞巧；七月十五，中元节祭祖；八月十五，中秋节，设瓜果、香饼以玩月；九月九，重阳节，酿菊酒、蒸花糕、赋诗高歌；十月一，拜祭祖茔；十一月冬至日，祀祖先；腊月初八，食腊八粥；除夕，更桃符，贴门神、春联，陈祀仪，多婚嫁。综上所类，除了共同的几大节日外，农村每月最少都有一次特殊的风俗，而且到几月就在几日来举办，如：正月正、二月二、三月三……。还有一个共同之处，就是重敬天祭神和婚丧之礼。礼金之重，礼节之多，历朝县令无不忧之，无不示之以俭，以求富不至越礼，贫不至失仪。

说到不同之处，也是不一而足。

太谷明万历县志“风俗”篇，已记“商贾贸易”，这在四县中是比较早的。“今观士敦行谊，农力于野，商贾勤于贸易，无间城市乡村，无不纺织之家，可谓地无遗利，人无遗力，其勤不减古昔矣！”士、农、商各安其分，人勤地利，已显“全民创业”之势。清康熙四十六年（1707 年）《平遥县志·杂志·俗节》前县令杨廷谟曰:“平遥土壤瘠薄，风气刚劲，人多耕织，少商贾，习俗简朴。”平遥与太谷不同，天地贫瘠，人气刚劲，大多数人从事耕织，很少人经商，风俗习惯简单朴实。这记载似乎与平遥当时的商业繁荣之况不同。从商之时间，贸易之多寡，重商之理念，可能有先有后，但终汇集成了一支名垂史册的“晋商队伍”。

尽管古记“节序”多以祭祖思亲、感时伤怀为主基调，但《平遥县志·杂志·俗节》所记不同之处是：写出什么节气干什么之后，大都以“夜哭于门外”结束。如二月二、寒食日、端阳节、六月六、六月二十四、七月十五、重阳节、十月一、冬至日等，均载“夜哭于门外”。最后不惜笔墨详记了“年三十之哭”：除日早食糕，晚留饭至元日食，名曰隔年饭，夜哭于门外，凡哭者皆系妇人，名曰鬼节，谓是日亡人来，故哭耳。至期，满城皆然，村落亦尔。为什么“年三十”如此“悲壮”，该志认为：“长征不返，戍妇遗哀，相沿至今乎。”古来征战几人回，空留妻儿除夕哀，沿习成俗至今。李梦阳诗《云中曲》：“底是邻悲并巷哭，云中明日是新年。”“又逢君，莫唱云中曲，腊月云中更断肠。”此诗也说得是征妇思夫之由。年三十，又叫“除日”，晚上叫“除夕”，一年将尽，犹一生尽处，所以古人以除日当死日，思来日无多、人生无常、亲人未归，故长歌当哭。苏辙“年年最后饮屠酥[①]，不觉年来七十余”；张子容“腊月今知晦，流年此夕除”；韦应物“思怀耿[②]如昨，季月[③]已云暮”皆是同感。

古迹丘墓

山西古迹知多少？不可移动文物、世界文化遗产、全国重点文保单位、旧石器文化遗址、各类古建、元以前木结构建筑、古壁画、彩塑、大小石窟、各类碑碣、古民居古城池，不胜枚举。晋中平川作为太原都市区核心部分之一，作为晋商文化核心区，作为晋中盆地的历史文化集中区，自然占了很大份额。仅一个平

---

① 屠酥：指屠酥酒。

② 耿：心情不安、伤感。

③ 季月：每季的最后一月。

遥县，现有上古时代遗址14处，中古时代遗址16处；古墓葬3处，石窟寺2处。价值极高的古代其他建筑，村堡古镇2处、楼塔桥11处，民居店铺12处；寺观庙堂21处。另外，有历代典型碑碣47处、造像石2处、石雕4处；碑刻、经幢、墓志16处；雕塑16处，再加上大院、古街道、镖局、票号等，数不胜数，蔚然大观。平遥2800多年的历史，是中国以整座古城申报世界文化遗产获得成功的两座古城市之一。

除县志未详记的晋商遗迹遗址和丘墓外，综观清以前古县志记载的古迹、丘墓，大致分为三类：一是食邑分封类。如祁县“故县城”，为晋大夫祁氏邑；阳邑城，为晋大夫阳处父之食邑；尹吉甫点将台，西周宣王命大将尹吉甫北伐猃狁时所筑，为平遥城雏形；榆次榆石亭，《春秋传》：石言于晋魏榆，等等。二是文臣武将类。以祁县为例，祁城、赵襄子城、隆舟城、杨公郎城；祁午、王允、王僧辩、温大雅、温大有墓，等等。三是名宦先贤类。如榆次盖聂遗址、郭祚墓、李良臣墓，等等。

详记古迹，其目的是“逖稽往古，哲父英贤，垂景耀于当年，流声华于来祀，其芳踪遗址，是以系后人景仰之怀者，即百世不磨也”。哲人先祖、文臣名宦、英雄贤达，当年留下光芒万丈，英名远扬，其遗踪旧址，足以供后人景仰缅怀，百世不灭。在明万历《太谷县志》“古迹”一篇中，共13个条目有6条为唐代遗址。如万年顿和青城宫，均为唐玄宗开元十年（722年）巡幸太原时驻扎之处。

冢墓所记，“迹有显晦，位有崇卑，时有先后，而其道德勋猷，皆足以感人于无间，第人与骨朽矣。而陵墓之累累者，犹可望而寄仰止之思焉！”墓迹有明显有不太明显，地位有尊有卑，出生有先有后，只要有道德、有功勋，都可以感人于永远，传颂于“骨朽”。凭吊累累陵墓，寄仰望敬佩之思念。义冢，是一些平民百姓的葬处。清康熙四十六年（1707年）《平遥县志·建置·义冢》记载：“邑人任良翰，正德年间捐地八亩，在下东门外路北，为贫人无归者葬，立碣石，岁久湮没。明神宗四十八年，知县杨廷谟申请丈地，重立碣石表记，义冢五处。”无论显赫还是贫穷，先人入土为安，后人凭吊思古，寄托哀思，慎终追远，思念无限，生生不息。

至于世界文化遗产平遥古城以及双林寺、镇国寺，国家历史文化名城祁县城，列入中国世界文化遗产预备名单的乔、渠、王、曹等晋商大院，那数不清的古村、古堡、古镇、古院、古城，数不清的造像、壁画、碑刻、经幢、墓志，种类齐全的石器陶器宋金瓷器、明代琉璃器铜器铁器，等等，还有仍然坐落在其他省份的几十个宏大精致的“晋商会馆”，一本薄薄的古县志，又怎么能载得动几千年文明历史、遗址古迹。

《礼记·礼运》记载，一个冬日，孔子参加鲁国的重大祭祀活动“蜡祭”，祭祀结束后，他站在宗庙外的楼台上抬眼远望，描绘了他虽然没能见到，但却十分向往的两种理想社会——“天下为公”的大同社会和“天下为家”的小康社会。

从古至今，县志由薄到厚，记类由少到多，给我们展示了一幅万千生民筚路蓝缕、以启山林，自强不息、追求小康，改制易举、实现“大同”的生动画卷。县志又使我们知道，“郡邑虽迁，山河不改”。

敷土经制

行走在晋中平川，榆次老城、太谷古城、祁县古城、平遥古城……城城相望，堡寨相连，构成了一道朝代因袭、历史相接、各具特色的历史画卷。在这幅徐徐展开的画卷中，最突出最具历史感的是城池、街区以及坐落其中的县衙、公署、学宫、坛庙、坊表、寺观等人间奇迹，此谓之“建置”。直到今天，络绎不绝的国内外游客、考察历史经制的专家学者，仍然在这座历史宝库里学习、研究、欣赏、游历。

古县志对“建置”的分类包括：城池、县治、公署、学宫、坛祠、武备、里镇、市集、坊表、铺舍、桥梁、宫室，等等。凡此种种，皆关治理。《祁县志·建置志·序》曰：“夫县之有经制，以为民也！”所谓“经制”，即治国理政的制度。《平遥县志·建置志》：“敷土定制，则立城池以为捍卫，有公署以肃临莅，有儒学以宏教化，有堤堰以备蓄泄，有桥梁，则往来之道备焉，有堡寨、坊市、村落，则防御、贸易之法行焉。”所谓“敷土定制”，即区分规划疆土，制定制度法则。“建置志”所涉敷土经制，事关百姓安居乐业。公署正风肃纪以利于治理社会，设置学宫以儒学教化学子，修筑堤堰加强水利建设可以蓄水也可以泄洪，修建桥梁便于往来交通，加固堡寨加强防御，划分街坊村落为市场贸易构建平台，等等。这一整套建置体系中规中矩，设计感十足。《太谷县志·建置志》对个中原因做了很好的解释："时至事起，天运人从，不易之轨也。"天地运行，人事顺应，这是万古不易之规律。"若公署、坛祀，以至庙宇、仓储、铺舍之类，凡以为民而设，非冗务也。"这些衙署办公、祭祀场所以至于寺庙殿宇、仓库储备、驿站住行等场所，都是为民而创设，不是可有可无的。

城卫君，郭为民

城池，首先是"保卫"功能。《祁县志·建置志·城池》载，其城池由一城、九堡、两寨、五墩①、一镇构成，很好地解释了"城池"的概念，体现了中国古代"筑城②以卫君，造郭以为民"的原则。榆次县城，战国时已有之，历朝历代知县邑令加固重修，"历唐宋辽金元，经史思明、仆固场、李克用及女真、蒙古围攻者数，然旧制具存"（民国《榆次县志》）。其次是治理功能。平遥古城，是中国保存最为完整的古城之一。平遥古城内设立县衙、察院、学宫、书院、寺庙等，是为了治理教化百姓、培养人才、祭奠先贤等。后来贸易交换之市场功能具备，才完成了由"城"到"市"的转型。古城内部，设计非常讲究，所谓"四大街、八小街、七十二条蚰蜒巷"，南北正直，东西对应，"以巍峨壮观的市

---

① 墩：墩台；高的土堆台或报警台。

② 城：内城的墙，指内城。

楼为中心，以市楼所在的南大街为中轴线，东西两侧的建筑物形成了上下有序、寺庙对称、左祖右社、文武相对的格局”。2002 年《平遥古城志》:“城之中部两侧，东为城隍庙，西为县衙署，是全城阴阳两界的最高统府；南部两侧东有文庙、西有武庙，体现了儒家文武礼治的思想；北部两侧东建清虚观，西建集福寺，为道、佛两家集中活动场所。”可见等级思想、礼制观念寓含其中。2022 年 1 月 27 日上午，习近平总书记考察平遥古城，再次强调“敬畏历史、敬畏文化、敬畏生态”。悠悠古城，留下深深启示。

县治“向明而治”

县治，即县衙，是一县之中心。《祁县志》论曰:“夫县治者出政之所也，问民疾苦者恒于斯，辩民冤抑者恒于斯，古者居阴荅阳①，向明而治，盖取诸此。”县治是出政令的地方，在这儿问民生疾苦，在这儿为民申冤，所以古时候县治要坐北朝南或坐西朝东，寓意向光明而治理国家。太谷、祁县的县治均为明洪武年间重新修整完善，架构基本相同。以太谷县治为例。县治中堂六楹②，匾曰“牧爱堂”；两旁为库③，东“赞政厅”，厅旁铺长司并诸科，而吏、户、礼房序其下；西“架阁库”，库旁承发司并诸科，而兵、刑、工房序其下。可见吏、户、礼、兵、刑、工，一应俱全。堂下角路两旁，皂隶④各一间。中戒石亭，前仪门。仪门外还有土地

① 居阴荅阳：意为依照日月运行规律，阴阳相互协调，以治理天下。

② 六楹：六根柱子。

③ 库：办公、储物之所。

④ 皂隶：衙门里的差役。

祠、宾馆、县门、谯楼等。堂后，有书房、抄案房，有寝室、花园、水阁、方亭。院中还有都察院、布政分司、按察分司等。

属公署类的还有公馆、税课局、僧会司、道会司等。还有驿站，如祁县贾令驿、盘陀驿；演武场；草场、预备仓、社仓、常平仓；养济院、惠民局、漏泽园，等等。可贵的是，《祁县志》一再强调县治、公署“为民”所建。如：“公署古也，古以为民，今以为吏，陋矣。”《太谷县志》也强调县治、公署必须节俭，如：“无端而劳且费，君子必慎之。”

学宫教化育才

明清学校教育体系的设立，主辅兼备，公私结合，教化育才并重，与学宫相配套的还有制书、射圃、学田、水务等，为维持学校发展运行提供教材、场地、资助。

“庙学合一”为架构　以《祁县志·图考》学宫图所示为例，学宫设置共三部分：一是教学部分。中轴线布局依次为儒学门—礼门—明伦堂—敬一亭。门题儒学，突出了清代“阐明圣学，传授道统”的思想。所谓“圣学”，是圣人治学之法、修学之道、成学之径、饱学之意；所谓“道统”，是儒家传道系统的一种说法，指儒家传道的脉络和系统。堂叫明伦，即明人伦。《孟子·滕文公上》：“夏曰校，殷曰序，周曰庠。学则三代共之，皆所以明人伦也，人伦明于上，小民亲于下。”乡里办的地方学校名称，夏朝叫“校”，商朝叫“序”，周朝叫“庠”，国家办的学校，三个朝代都叫“学”。无论“国学”“乡学”，都是为了教导人们懂得人与人之间的伦理道德。这个标准，社会上层明白了，普通百姓就会相亲相近、团结一致了。从宋代开始，文庙、书院、太学、学宫皆以“明伦堂”来命名讲堂。敬一亭，即对儒家的恭敬、专一之意。二是教化部分。依次为登云楼—文庙坊—棂星门[①]—泮池—戟门[②]—大成殿—尊经阁。唐高祖武德二年（619 年）诏令地方政府官学各立周公庙、孔子庙一所，四时致祭；贞观二年（628 年），停祭周公，专立孔庙；贞观四年（630 年）又“诏州县学皆作孔子庙”，从此州县在学宫旁建孔庙，“庙学合一”遂成定制，历代不改。在棂星门与戟门之间，分立乡贤祠和名宦祠，以祭祀一个地方所推崇的品学兼优者和在一个地方有德有才的官员。三是辅助部分。如教谕、训导等的起居处。目前能看到的最完整的体现就是平遥古城中的“文庙”建筑群。

儒家经典为教材 明万历《太谷县志·学校志》载其所用“书籍”有:《四书大全》《易经》《书经》《诗经》《春秋》《礼记》《性理大全》《资治通鉴》《四书养正》《旧小四书》《学政》《蓝田乡约》《五伦书》《射礼仪节》《烈女传》《仪礼》《大诰》《孝顺事实》《皇明祖训》《事物纪原》《养蒙大训》《为善阴骘》《佛曲》《四书讲语》《真西山读书记》《服弁图》《乐书》《礼书》。而到了清康熙年间,《祁县志·建置志·学宫》所载，教材不叫“书籍”，而称“制书”。制书是帝王命令的一种，也就是说，教材由皇帝确定，

① 棂星门：旧时学宫孔庙的外门。原名灵星门。后人见其门形如窗棂，遂改为棂星门。

② 戟门：立戟之门，指官署。

书目比起明朝大大减少，只剩下《四书大全》《五经大全》《性理大全》《资治通鉴》《孝顺事实》《为善阴骘》六部了。《性理大全》（70卷）与《四书大全》《五经大全》同辑成于永乐十三年（1415年），为宋代理学著作与理学家言论汇编。《孝顺事实》（10卷）为明成祖朱棣命人辑录古今载籍所记孝顺之事，自己作序、冠名，并颁发于文武群臣、两京国子监及天下学校。其序曰："……故孝者，百行之本，万善之源。大足以动天地、感鬼神；微足以化强暴、格[①]鸟兽、孚[②]草木。"《为善阴骘》（10卷），也是朱棣命人采辑传记，自己作序、命名，通过一个个故事劝人向善。

学田水分为保障　有学校就有学田，学田由国家拨给或者自行购置一定数量的土地，作为学校固定资产，学校把学田租出去，租金用于补助办学。此制起于宋朝，宋仁宗之后形成了一种以学田制为主、各种方式筹资的教育经费保障制度，这是宋以后历代皇帝实行尊孔崇儒文治政策的结果。但也有例外，明万历《太谷县志·学校志》载："太谷旧无学田，其后学田也，自万历二十一年，知县事李公始，值民有告发隐匿钱粮者，即以地入官，申允上司永为学田。每岁入租，贮于儒学。"学田由罚没收入抵顶而来，用处也不全在学校，"由是，士子有贫不能举炊，兴婚丧不胜备礼者，籍是以补助焉"。如此看来，主要用于扶持贫困生和婚丧补助。水分与学田同理，在《祁县志》中有详细记载，"奉帖立碑，官渠水分三十五日一周"；设官渠渠长，"每遇官渠使水，勿

---

① 格：格物，是中国古代儒家思想的一个重要概念，即穷究事物的道理。

② 孚：通"孵"，繁育。

论春夏秋冬，三十五日一周，则是此一昼夜水分系学渠水”；然后，租而得银，用于补助办学。

学宫为官办，另外由个人筹资兴办的书院、社学、义学也见于古志。如明朝太谷的凤山书院，清朝平遥的卿士书院、西河书院、古陶书院、超山书院及冀家在自己花园中兴办的鸣凤书院，榆次凤鸣书院、东城书院、涂川书院、源池书院等。社学，古即小学，主要为乡下贫民子弟所办。

“事神”以时致祭

清康熙四十六年（1707年）《平遥县志》将“祠祀”专列，并将“治民、事神”称为“为政之道”，“若夫神，则道化之枢，而即民之所以生成者也”。

县志所载“事神”祭祀，不外乎以下几个方面。

一是凡有功德于民物者，祭之。万历《太谷县志》：“施膏覃泽祀之①，御灾捍患祀之，此社稷、山川与风云、雷雨、城隍之神，功德之及民也普矣！”各县必有社稷坛、风云雷雨山川坛和城隍庙，主要是祭祀大自然，感恩天地赐予万物，感恩高城深池捍外卫内。

二是“合鬼与神”，祭之，设邑厉坛。孔子曰：“气也者，神之盛也；魄也者，鬼之盛也。合鬼与神而享之，教之至也。”意即气是神的旺盛，魄是鬼的旺盛。既祭鬼，又祭神，这便达到了圣人

---

① 施膏覃泽祀之：草木萌发时遇雨水润泽，雨水适量，为吉；雨水滂沱，则凶。为求吉需祭祀。

以神道设教的完满境界。其祭文“普天之下，后土之上，无不有人，无不有鬼神。人鬼之道，幽明虽殊，其理则一。故天下之广，兆民之众，必立君以主之”。阳间与阴间，人与鬼神，“上下之职，纪纲不紊，此人之法如此”。这是“合鬼与神，教之至也”的本意了。人鬼相隔，明暗悬殊，然其理相同。上下对应，纪纲不乱，合而教化，这就是儒教的鬼神理念。

三是凡有功德于国于民者，祭之。清康熙《平遥县志·祠祀志》:“我国家化民成俗，尤严祭典，每岁春秋令十五[①]，凡有功于民社及捍灾御患者，皆得以时致祭。平邑偏小，亦有事焉。”主要祭祀万古帝王之祖尧、文圣人孔子、武圣人关帝，建有尧庙、文庙、武庙，为“正祀”。与之相对应的是“里祀”，如文昌祠、土地祠、财神庙、河神庙、龙王庙、真武庙、马王庙、子孙娘娘庙、三官[②]庙，等等；名宦祠、先贤祠亦在此列，各县有同有异，不一而足。

四是“西方之圣人”，祭之。清康熙《平遥县志》:“至如梵舍[③]琳宫[④]，西方之圣人……绝类离群，清真寡欲，有足尚者，且以之祈圣寿而祝民禧，尤有赖焉，附而存之，不亦可乎。”这里指信佛之人清心寡欲，离群别居，有的为圣上祈寿，有的为百姓贺喜，都离不开它，寺、观、庵等为之而建。此志记平遥其时各种寺、观、殿、庵、宫、院 42 座。清康熙《祁县志》记载，祁县有此类建筑 35 座，而早在明万历《太谷县志》中，太谷就有此类建筑 53

---

① 春秋令十五：令，时令，即春正月十五，秋八月十五。

② 三官：民间信仰中指上元天官、中元地官、下元水官。

③ 梵舍：佛寺。

④ 琳宫：本指神仙居住的地方，引申指道教观庙。

座。“南朝四百八十寺，多少楼台烟雨中。”如今又有多少建筑消失在历史的长河中，而三晋大地上的古建筑保存得甚为完好。

五是对本地才贤，建牌坊记之。明万历《太谷县志·建置志》中将牌坊一节题为“绰楔”。绰楔，古时指竖于正门两旁，用以表彰孝义的木柱；明清时，则专指官署牌坊。《太谷县志·建置志》:“绰楔之建，即古人表厥宅里之义也。或以厚积，或以阶秩，或以忠孝，或以贞节，因人树之于闾、于衢，讵非旌贤而励俗哉！”立牌坊，主要用于表彰本地的积德之人、职位品级高之人、忠孝之人、贞节之妇，因人而异或立于门外，或立于街巷，难道不是表彰贤达之人而激励民间正能量之风尚吗？太谷德配天地坊、道冠古乡坊、龙门坊均在文庙前，宣化坊在县门前，其余表彰各类贤人的坊还有33座，《祁县志》记各类坊表44座，《平遥县志》记32座。至于贞节烈女，归在“人物志”专题记述，其坊表现在已不可见。

仓铺堡寨为战而备

古代的榆次、太谷、祁县、平遥都是近边孔道。在几千年的历史长河中，不时而战，因而在“建置”一卷中大都涉及与战备有关的设施。明万历《太谷县志·建置志·仓储》载:“国之所重在民，民之所重在食。故古有义仓、社仓、常平仓之制。命名虽殊，其所以广储蓄备凶荒者，无非为民计也。太谷逼近边界，不时警发，则兵饷宜备。而天时丰歉不常，又安可不为饥馑防乎！”古时“义仓”“社仓”主要为社会力量所举办，而“常平仓”则是官府为调节粮价、储粮备荒以供应官需民食而设置的粮仓。这些仓储充分发挥稳定粮食的市场价值作用，对平抑粮食市场和巩固封建政权起到了积极作用。仓储一为民备荒，二为战备粮。清康熙《平遥县志·建置志·武备》论："夫子曰，'有文事者，必有武备。'国家太平，游嬉井里而已，一有不虞，则易生戎心。故听鼙鼓[①]，即思将帅，乌可缓乎！"为此，各县设立仓储，建设武备，设置辅舍、墩台，县乡官民备置军火器械。

市集贸易定时而举

明万历《太谷县志》载，太谷市集，城中东街、西街、南街、小南街、北街分别在逢七、逢三、逢九、逢一、逢五举办，另外八个村逢偶日举办。清康熙《祁县志·市集》载："县市，奇日各街轮开，自辰至午。""日中为市，制也。然时有三害焉：猾恶把持一也，征榷[②]无艺[③]二也，牙狳[④]攫取三也。去其害以贻民利，在长民者加之意耳。"这里提到集市上有三害：奸恶之人霸市欺行，税赋征收与官府专卖无度，市狳巧取豪夺。去了这三害才能让百姓有利可赚，这需要地方官特别在意。平遥作为城市，市集较多。《平遥县志》载，衙巷二市，十字街一市，市楼街、东街、西街、大西城、小西城、南门街各二市，镇集还有七个。民国《榆次县志》记载，榆次五月庙会年共五十起，城内五月会（城隍庙会），万商云集，经月不散，历数百年而无更变者。且有粮集、年集、果木集之分。

---

① 鼙鼓：古代军队中用的战鼓。击鼙鼓表示进攻，因而用来比喻战事。

② 征榷：征收商品税与官府专卖。

③ 无艺：没有定法；没有极限或限度。

④ 牙狳：指买卖双方说合的经纪人。

吕思勉在《中国通史》绪论中说:“一部《二十五史》,拆开来,所谓纪传,大部分是记载理乱兴亡一类的事实,志则以记载典章经制为主。理乱兴亡一类的事实,是随时发生的,今天不能逆料明天。典章经制,则为人预设之以待将来的,其性质较为持久,所以前者可称为动的史实,后者可称为静的史实。”建置,看似记载遵循一定规制的物的建筑,实则是寄托一定理念的、意志的制度,物与人,静与动,动息交替,兴亡盛衰,建置依旧在,几度夕阳红!

食货惟先

在方志中，“食货志”是专门记述经济类事项的文献。唯物史观认为，经济是人类一切活动的基础。清康熙《祁县志·食货志·序》也说：“《洪范》八政，食货惟先……上权军国，下利民生，咸赖于是。”军国大计，民生实事，全倚赖食货支撑，可谓军国民生，食货惟先。因此，“食货志”有着极为重要的史料价值和资政价值。

食货，语出《尚书·洪范·八政》：“一曰食，二曰货，三曰祀，四曰司空，五曰司徒，六曰司寇，七曰宾，八曰师。”“八政”是统治者进行管理的八项纲领，即：粮食、财货、祭祀、居住、教育、刑罚、朝观、军事，朝廷分别设立官署官职予以掌管。“司空”掌管居民，“司徒”掌管教化，“司寇”掌管刑罚。《洪范》作者箕子的封地恰在榆社、太谷、榆次交界区域。

“食货志”的分类

清康熙《祁县志·食货志》：“然户口为食货所生，田丁为食货所自出，错于其土地者曰物产，榷于其贸迁者曰课程，生财之道尽此矣。”人靠食货为生，首为“户口”；生产食货者，为“田丁”；土地产出者为“物产”，对贸易者征赋为“课程”，生财之道尽在于此。当然，因南北水陆差异，“食货志”之“子目”不尽相同，然户口、田赋、课程、物产则是共通的。

户口，生养之，休息之 明万历《太谷县志·食货志·户口》引用《尚书》:“民惟邦本，本固邦宁。”[①] 说明“户口为国家所凭籍”，“而户口之登耗，即国之虚实关焉”！户口的多寡增减关系到国家的强弱。“我国家承平二百余年，休养生息，田舍庐庑[②]之数，宜无所刍牧[③]，及按籍而较，不见加多，何也？”明朝建立二百余年了，可以说休养生息，百姓平安，按照田地房屋之数量，应该可以供养更多人口，但按户籍算下来，不见增多，为什么？随后给出三个答案：因赋役繁重，闲游懒惰之人逃入寺庙成为僧人；迁居他乡或居无定所；即使是土著人，也有隐匿不报户口的。如明代的太谷县，建国初原登记 11755 户，而二百年后在册 9253 户，承平二百年，在册户数反而少了 2502 户。至于战乱灾荒之年，户口锐减更是惊人。清康熙《祁县志·食货志·户口》载:“明洪武二十四年，户 5446，口 44246……万历十年，户 4516，口 50250。国朝编审实在，户 5320，口 27950。”从 1391 年至 1665 年，人口减了近一半。该志“论”举例说，“张全义尹[④]河南，从居民不满

① 《尚书·五子之歌》:“皇祖有训，民可近不可下。民惟邦本，本固邦宁。”邦，国家。百姓是国家的根本，只有根本稳固，国家才能安宁。

② 庑：古代正房对面和两侧的屋子。

③ 刍牧：本意放牧牲畜，旧时引申为统治百姓。这里指供养人口。

④ 尹：主管，治理。

百户”到“归之者如市，不数年，遂成富庶之地”，其原因主要是“招还流移[①]，无严刑重敛”。而“我祁户口虽多，然而旱潦不符，饥蝗瘟疫，死亡日众；而奸民又转而之[②]四方焉，户口安得不消耗也”。告诫后来者：“君子念及于此，则所以生养之、休息之，还定而安集之者，当思为之所矣。”发展生产养活他们，轻徭薄赋休养生息，招引他们回乡并安顿好他们，这是君子应该想到的。民国《榆次县志·赋税考·户口》载：“有清中叶，承屡朝之休养生息，户口倍增，其时户凡四万九千，人口达二十余万，为榆次户口全盛时代。光绪初，频年灾侵，十室九空，人民荡析离居，户口因之锐减。迨鸦片、金丹、料面[③]诸毒盛行，嗜之者每至破产亡身而不悟，于是户口之凋落，遂成天演[④]公例[⑤]矣。”大灾大乱之后，采取休养生息的政策，减轻人民负担，安定生活，人口才能繁育增长，社会才能恢复元气。

“课程”，宽则兴、抑则困 “重农抑商”是历代封建王朝最基本的经济指导思想。这是由自给自足的自然经济决定的，而“课程”就是专为“抑商”所设。这里的“课程”指的是征收或缴纳赋税。

传统社会以农为本，以商为末。明万历《太谷县志·食货志·课程》认为：“养生者，以农业为本，以商贾为末……倘不抑

① 招还流移：吸引人口回归原籍。

② 之：到。

③ 料面：毒品。

④ 天演：自然界的变化。

⑤ 公例：指一般的规律。

末，则登垄之徒[①]多于南亩之夫[②]，鬻贩之流[③]多于负耒之子[④]，玩好之具[⑤]多于登场之禾[⑥]，国家之税课程，盖抑末之意也。”国家的税收政策为的是发展农业，抑制非农活动。然而，一切皆从土地所出，所供难以满足所求，导致民力贫困。加上一味抑商，后果更加严重。《祁县志·食货志·课程》论：“盖丁田赋民正供[⑦]也，课程赋商贾抑末也，亦市廛[⑧]而不征之意也。”按人丁和田地征收的税是法定的赋税，课程税针对商人，是抑制经商活动的赋税，而街市中的便民小铺是不征税的。可见，这些税收政策针对性明确，也有很强的调节作用。“但治之无法，则货日诎，而商贾困；取之太多，则商贾利微，而不悦于来。”管理无方，则货物一天比一天短缺，令商贾陷入困顿；收取得太多，令商贸利微益少，贸易也就不能往来了。“顺治十五年初，行活税法[⑨]，百货藏息[⑩]，城市萧条”。“况祁地狭民贫，岁遭民荒，既无所赖于农，所恃以谋生者废居之羡[⑪]耳。又从而夺其利焉，更复何望哉？古云，宽一分则民

---

① 登垄之徒：指操纵贸易和独占市场者。

② 南亩之夫：种田之人。南坡向阳，利于作物生长，古人田土多向南开辟，故称农田为南亩。

③ 鬻贩之流：做买卖的人。

④ 负耒之子：种田的人。耒，农具。

⑤ 玩好之具：博戏用具。

⑥ 登场之禾：耕种田地的农具。

⑦ 正供：法定的赋税。

⑧ 市廛：街市中的店铺。

⑨ 活税法：定额之外多征或无定额征收的赋税。

⑩ 藏息：归藏歇业。

⑪ 羡：多余。

受一分之赐，诚哉是言矣。”况且祁县地小民穷，经常遭遇灾荒，依赖种田的没有收入，利用废弃之屋做些生意，又被课以重税夺其微利，百姓生计就更没有指望了。古语说，宽一分老百姓就得到一分利，此言不差啊！

物产，自给易，自足难　在平川六县中，榆次、太谷、祁县、平遥四县地上物产相对丰富，尤其榆次还有煤炭等地下矿藏。虽说是自给自足的自然经济，但“靠山吃山”也非易事。因为物产也要征税，加税后照样不能自足。明万历《太谷志·食货志·土产》一节，对土产与赋税关系交代得非常清楚：“太谷疆域不甚广阔，而其所产之物，亦民生日用之常物也。”物产乃常用之物，按说无甚可“志”，但“何以志为？考《周礼》，国中四郊之赋①，闾师②征之；野之贡赋，县师征之；委人③征薪刍④木材；兽人⑤廛人⑥收皮毛筋骨；角人⑦敛齿角羽翮……”总之，天下物产，皆有专征赋税之官。清康熙《祁县志·食货志·物产》之论，层层剥开“祁民之贫”之因：“物之产祁者，视昔微矣。林木稀疏，鱼鳖寡乏，则山泽无几产也。”物产本来贫乏，此其一。“戎马蹂躏之余荒旱频仍，则桑麻几无产也。”兵荒马乱，旱灾频发，桑麻无

① 赋：指赋予的物产。
② 闾师：周代官名，掌赋税征收。
③ 委人：周代官名，掌征收郊野物产的赋税。
④ 薪刍：柴草。
⑤ 兽人：周代官名，掌田猎、捕捉野兽。
⑥ 廛人：周代官名，掌市肆赋税等事。
⑦ 角人：周代官名，掌征收兽类角齿骨物。

多少产出，此其二。“芦草荒芜，牛羊无从而牧，五谷不登，人饥而鸡豚狗彘且失养焉，则六畜之产能几何也？”草木稀疏，牲畜无从而养，六畜又能产多少，此其三。“若煎取土盐，昔时民得自便，无禁敛之例。”如果自制土盐，不过是百姓自取自食，没有禁止敛取的先例，但“厥后议给煎户[①]印票，定额起课，每盐百斤领票壹张，纳银陆分”。之后“发票日增，课银亦日增”，“无论煎卖多寡”，一概“计票取银，催比孔急[②]”，结果“民不乐煎[③]，甚有池灶已坍，而票银未豁者。窃恐产盐征利，将不久而亦湮矣”。由于课征重税，致使产业倒闭，此其四。编撰者告诫道：“君子入境而知祁民之贫，安得不怃然兴思，求所未蕃生导利[④]乎！”榆次算得上是地下地上物产丰富，“向重农商”，近代工商业也算发达，但正如民国《榆次县志·生计考》所论：“慨吾邑商富，一败于甲午之战，再败于庚子之役，终败于辛亥之变。”在此大背景下，“昔之服贾八方者，今则半多失业，落魄乡里，外资顿绝，内顾多艰，生计窘促，已呈江河日下之势”。晋商逐渐衰败是国运使然，覆巢之下，安有完卵！

田赋，难在“均”，无胜有 关于田赋，一是类多繁杂。综合四县古志之田赋志，载有据田地、物产征求实物或现金的科目繁多，不胜枚举。如：粮，分夏秋粮；桑，分官民桑；田，分王军屯；丁，分银力差……。二是赋税繁重。清康熙《平遥县志·田

---

① 煎户：指制盐者。

② 催比孔急：催要很急。

③ 煎：指制盐。

④ 蕃生导利：繁衍生息，为民兴利。

赋志》引用前县令杨廷谟之言曰:“赋役系国之根本，关生民命脉，少不得其平。则财枯竭泽，力疲奔命，如之何不穷且盗也?况平遥地苦沙薄，更多山涧，环视汾属，地独硗而粮独重。轻役薄敛，在长民者加之意焉。”这里讲明“平”之重要，否则财力枯竭，百姓疲于奔命，怎能不穷，怎能不盗?三是“清”田至要。清康熙《祁县志·食货志·田赋》:“明原额官民地伍千贰佰伍拾顷壹拾陆亩壹分肆厘柒毫肆丝贰忽，分为水、上、中、下四等征粮。”这是以地亩征粮征税的计量分等记载，从“顷、亩、分、厘”到“毫、丝、忽”，计量如此细微，可见“清”底多么重要。正如其志“田赋”一节之论:“田难均矣，清田独不可行乎?祁田无几而清者非人，以致争讼纷纷，是重犹吾民也。”四是轻徭薄赋。清康熙《祁县志·食货志》在“丁赋”中讲道:“古之役民者岁不过三日，盖甚轻也，故人有余力。后世政烦，役众至有银差、力差之说，隶胥减矣而不免倍顾之苦，门[①]则定矣而复加倍之征，户口食盐已不及矣而仍存输钞[②]之法，小民终岁动营办无已时。”古今对照，简繁对比，吏民对比，收支矛盾重重，改革始终在路上。如何行“宽恤之政”?其论曰:“古称不尽人之财，不尽人之力;而今也财力俱困，民实不支矣，故病且殆。”财、力都要取之有道有限，否则民无余财，民不聊生，结果可想而知，何止“病”且“殆”矣!

抚今追昔，感慨万千。从鲁宣公十五年（前 594 年）实行

---

① 门:指户口。

② 输钞:指用纸币缴纳一半税赋，减少实物税，留下更多粮食给百姓。

“初税亩”[①]开始，土地与赋税的依存关系延续了2000多年。直到2005年12月29日，十届全国人大常委会第十九次会议高票通过决定，自2006年1月1日起废止农业税条例，取消除烟叶以外的农业特产税，全部免征牧业税，中国延续了2600年的“皇粮国税”终止。2006年2月17日，国务院发布第459号国务院令，宣布自2006年2月17日起废止农业特产税，广大农民和农业特产品收购者从此告别了农业特产税。2020年，全国所有的贫困县摘帽，我们党在解决困扰中华民族几千年的绝对贫困问题上取得了伟大的历史性成就，创造了人类减贫史上的奇迹。2021年，在全面建成小康社会、实现第一个百年奋斗目标之后，我们党带领全国人民乘势而上，开启了全面建设社会主义现代化国家新征程，正在向第二个百年奋斗目标——全面建成社会主义现代化强国进军。

---

① 初税亩：公元前594年鲁国实行的赋税制度改革。由于井田制遭到破坏，鲁国按实际占有土地面积征税，是征收田赋的开端。

礼明乐备

儒家经典之一《礼记》说:“凡人之所以为人者，礼义也。”《左传》也说:“夫礼，天之经也，地之义也，民之行也。”中国传统社会认为，礼，是上天规定的原则，大地运行的正理，百姓言行的依据。自古有“礼治天下”之说，“礼”被上升为一整套的理念、规制、仪式、程序，必须遵循，不容置疑。因而，历代方志中的“典礼志”便不可或缺，成了礼制的记录、传布、规范、教化等功能的重要载体。“典礼志”中，礼明乐备，俗厚民淳。其“雅化涵濡数百年”(清陈学圣《番社》语)，于制节秩序、和谐社会功不可没。

典礼，定仪式，使民不惑

清康熙乙巳年（1665 年)《祁县志·典礼志·序》曰:“先王以礼治天下，吉凶、军、嘉宾皆有典焉。辨上下，格幽明，莫此尚已。”先王以礼治天下，判断吉凶、发兵兴战、迎送贵宾都有一定的典礼制度。无非是辨别上下尊卑，廓清有形无形，形成道德风尚。“凡尊王告朔、月吉读法、享祀明礼，兴贤育能、一道同风、敦睦任恤，化之行而俗之美，见其礼而知其政，胥此也。”尊王告朔，朔，即每月初一；告朔礼，即将天子一年十二个月的政令颁发到全国各级，每月初一到祖庙行祭告礼，行此月之“朔政”。月吉读法，月吉，农历每月初或正月初一，古代官府要向百姓“普法”。这一国家制度，始于周朝，先秦法家是先行者，商鞅变法，将法律普及到“妇人婴儿皆言商君之法”的程度。每逢这些重大活动，通过各种“典礼”，达到明礼懂法、兴贤育能、一道同风、敦睦任恤的效果，从而使礼治思想深入人心化为行动，成为风气化作良俗，使百姓见其典礼知其政令，皆为此目的。

仪式，明礼乐，尽之美善

《大清会典》:“礼明乐备，尽善尽美。公式，别君臣；祀典，事鬼神；饮射，辨长幼；宾兴，尊贤能。”典礼分四种类型:“公式”即程序履行，君臣上下有别;“祀典”即祭祀鬼神，祭告天地鬼神;“饮射”即举办饮酒射箭典礼，明辨长幼关系;“宾兴”即设宴招待应试之士，形成尊贤任能导向。

在县一级，古县志给我们展示了一幅生动、鲜活，独特、有趣，尊规、有别的“典礼画卷”。

公式　以《祁县志》所载为例。将“饮射”类纳入“公式”类中。从年初至年终的“公式”有七:一是圣旦[①]、冬至、正旦[②]。逢此三日，知县率幕僚下属提前一天到太清观学习典礼所行仪式，

---

① 圣旦：天子诞辰。

② 正旦：农历正月初一。

至正日依此进行大典。二是开读、诏赦。开读，指宣读帝王诏旨；诏赦，指宣赦赦罪诏书。知县率下属依礼如制行典。三是日食、月食。“俱朝服”即官员都穿上朝服，依礼如制行典。四是鞭春。鞭春，又叫打春。立春前一天，县官到东郊赴春宴、迎春牛；立春日，穿朝服行祭拜礼，鞭打一下耕牛，意为鼓励农耕。五是新官到任，行礼如制。六是乡饮。每逢岁正月望[①]、十月朔，行礼如制。七是乡射。乡射是古时人们射箭前的饮酒礼仪，也叫射礼。乡射在每年春秋两季，行政长官邀请当地大夫、士和学子，依礼进行。

祀享　祀享，也叫祀典。祀典有六：一是祀先师孔子。于春、秋仲月上丁日举行。之所以在二月、八月举行，是由于二月、八月在春三月、秋三月之中，取中正之意。同时祀“四子”[②]，配以“十哲”[③]等。此日，同祀名宦，如祁县祀贾辛等13人。此日，同祀乡贤，如祁县祀祁奚。二是祀社稷，祀孔子日之第二天，备牲畜、布帛等仪品依法如制。三是祀风云雷雨山川，祀孔子日的第二天。四是祀邑厉，于清明日，七月望、十月朔祀本境内无人祭祀的鬼神。五是祀乡社，祀孔子日的第三天，陈以羊豕酒果，读祝祷之文，感谢乡神参赞造化，发育万物，庶民赖以生植（殖）。六是其他祭祀典礼，各地有所不同。如：祀乡厉、城隍、马王等神；祀祁大夫、武安王；祀麓台、八蜡神，等等。正如《祁县志》

---

① 岁正月望：岁正，正月；望，月满之时，农历每月十五日。

② 四子：颜无繇、曾点、孔鲤、孟孙氏。

③ 十哲：颜子、子贡、子路、子骞等孔子门下十位学生。

论曰:“古者礼祀之设，崇德报功，自朝廷达于郡邑。”自朝廷到郡县，如此重视，就是遵从道德，报答有功之人。

宾兴 宾兴，就是尊重贤能之人。始于成周，具体为“科”“贡”两类。科，如生员应试，由县官占卜出日子来，备花红、路费、礼宴，公堂行礼完毕，还要以旗、鼓引导出县城，备好马匹，送到省城。举人捷报，当天，县官“树旗悬扁(匾)”，派遣人员迎候，准备伞盖旗鼓，结彩带，清道路，出郊外迎接，然后回来拜谒孔庙，公堂宴请。举人会试、中进士等比以上礼仪更加隆重。贡，即“岁贡”，送迎设酒宴、备财物一如举人礼仪。如此隆重，就是为了“储真才拔良类”。

乡仪，仪相同，特色各具

榆次、太谷、祁县、平遥四县，地缘相接，但乡仪各具特色。综观其“仪”，约为两类：一类为冠，昏(婚)、丧、祭礼；一类为燕集，庆吊、送迎、逢遇。

冠，昏(婚)、丧、祭礼 冠礼，清康熙乙巳年(1665年)《祁县志·典礼志》:“明隆庆、万历士夫子弟及诸生间有行者，凡民罔敦焉。今俱废。”明朝隆庆、万历年间，士大夫子弟及诸生时有行冠礼的，一般百姓没有此礼，现在更没有了。婚礼，夫家各量贫富，女子妆容亦量力但略厚一点；百姓指腹为婚、割襟悔婚之陋习也不是一概没有。清康熙四十八年(1709年)《平遥县志》对婚礼的记载，与祁县有多处不同。丧礼，《祁县志》重在评说，未详记其细节:“凡民则不免事阴阳、信风水、供佛饭僧，以蹈弊俗，然亦僻乡远者有之，城市中尚知学礼。”那个年代，对丧礼中的看阴阳信风水、请僧供佛之俗，列为“弊俗”，令人惊诧。祭礼，清康熙四十八年（1709年）《平遥县志》：“唯元旦设影（给已故之人画像），清明、中元上坟墓，有吉庆则祭祖上墓。”纵观古今，可见祭礼变化不大。《平遥县志》对冠、婚、丧、祭四礼则有精彩之论：“冠婚人道之始，丧祭人道之终。”冠礼、婚礼是做人的开始，丧礼、祭礼是做人的结束。“夫豺獭皆知报本，况于人乎。”动物尚且知道报恩，况且人啊！

燕集，庆吊、送迎、逢遇 燕集，设宴酬献。庆吊，有好事要庆祝，以物钱相赠；有凶事则吊唁，以物相帮；贫者互相帮助；有相距远的，也要遣人慰问。送迎，“尊者远行，咸送迎之；卑者，幼者五里送迎，敌者三里，亲者十里”。以送迎距离远近，表达关系亲疏、尊卑长幼，古风俨然。逢遇，即路上遇到怎么办？《祁县志》：“遇尊长则揖而俟其行，若尊者、长者、敌者乘，则趋而避之。”遇尊者长者，就拱手作揖，然后等尊长者先行，自己再行；如果尊者、长者、敌者坐着车，则快行或回避他们。“于敌者分道鞭揖，或已乘而值徒者便则避，否则下而揖之，俟远乃乘。尊长虽避己，必下而揖焉。”遇到关系不好的，或分道扬镳以马鞭作揖，如果自己的车马正好遇到走路者，要么避开，否则就下车作揖，等这些人先走后自己再乘车而行。如尊者长者躲避自己，那也要下车作揖。读到此处，才真正领会到什么叫“有陶唐氏之遗风焉”。其论曰：“世变江河，人竟奢靡，虚文盛而实德衰，恭让惇庞不可复睹矣。”江河日下，世态变化，人们竞相侈靡，繁文缛节太多，实实在在的德行日渐衰落，真正的谦恭礼让、敦厚实在再也见不到了。

典礼，是“礼”的一种外在表达形式。外在表达形式如果过于繁杂，进而僵化，成为一种“硬约束”，重形式轻内容或根本不知其根本所在，这恰恰违背了“礼”之本义，终为虚礼。礼多人不怪，礼太多不怪才怪。早在汉代，礼学家戴圣所编《礼记》就指出:“国奢示之以俭，国俭示之以礼。”意思是说国人奢侈了，要教他们节俭；国人节俭了，则教给他们礼仪。

礼，有基本的原理，但也是与时俱进的。“礼”是中华优秀传统文化的特质，其思想精华和道德精髓，在涵养个人道德修养和民族精神中发挥着重要作用，与社会主义核心价值观深度契合。

为政为民

“官政志”是古县志中专门为县一级官吏留名记事之处，但悠悠千百年，为官一方者不可胜数，能入志留名，“名垂史志”者却并不多见。而能留名的官吏中，入志理由各不相同，有一点却是共同的，即：为政为民，民意向之。

名称之辨

纵观明万历丙申年（1596年）《太谷县志》、清康熙乙巳年（1665年）《祁县志》、康熙庚戌年（1670年）《平遥县志》、民国《榆次县志》，朝代不同，对“官政”的称谓也不尽相同。《太谷县志》称“秩官志”。秩官是明代称谓，即常设之官；秩，次序等级之意。《祁县志》称“官政志”。官政，即国家的政事，县一级自然指一县之政事。古人认为服官政之年五十岁开始正好。《礼记·曲礼上》：“五十曰艾，服官政。”艾，白头发，即知天命之年。《平遥县志》称“官师志”。官师，指百官，即各级官吏。民国《榆次县志》也称“官师考”，并交代了官制因革：“汉制，邑不满万户则设长，万户以上则置令，有丞、簿、尉为之贰；晋唐皆然，至宋为知县事，元称县尹，明清并称知县。”可见，宋以前万户以上设县令，其他僚属还有丞，县丞，辅佐县令之官；簿，掌管文史的辅佐之吏；尉，武官，主管治安。另外，大县还设典史，掌管缉捕、监狱的属官，但在九品以下，不入流。官学设教谕，主管文庙祭祀、教诲生员；训导，辅助教职；巡检，负责巡逻、练兵。其他视各县而定的，如祁县贾令驿、盘陀驿等设驿丞，掌管驿站中的仪仗、车马、迎送之事，也不入品。

入志之绳

绳，指标准、法则。《商君书·开塞》:“王道有绳。”官吏入志有一定之规，有准绳可循。明万历《太谷县志·秩官志》曰:“王者，设官分职以为民也。官不建则政不理，官不备则政不周。”帝王设置官职是为了统治百姓，官职不设就无人理政，官职设置得不完备为政就不周全。“名以命之，分以别之。或统理，或分理，或承流宣化，或兴贤育才，是皆有补于民，自有邑以来，未尝乏员也。”给官职命名，分开等级类别，或统或分承办政务，有的负责继承传播良好的风尚传统、宣布君命、教化百姓，有的负责选拔贤能、培养人才，都对百姓有益，自设县以来，没有缺官少员的时候。《祁县志·官政志·序》曰:“牧以地得民，长以贵得民，师以贤得民，国家设官分职以为民也。”“牧”“长”“师”在这里均指县官，为官以“地”“贵”“贤”得民心。“祁虽小邑，亦有地与贵与贤焉。其循良有裨于民者，上为国史所书，下为民思所系，迹以著之，职以别之，名以纪之，后之嗣者，有观感焉。故以官政志。”设官职是为了理政，凡为民办好事实事的官吏，就可以写入史志，供后来者借鉴。

名宦之绩

明万历《太谷县志·秩官志》专列“名宦列传”一节，其曰：“凡官于兹土者，皆宦也。宦非职守之谓也，必尽其职而无负，斯可述耳。一政一令，一兴一除，民皆信享，而遗爱之见德。去而思之，尸而祀之，即谓之名宦。”凡在这里当官的，都可称为宦。宦，不是职务之称谓，为官者必尽职履责而且没有劣迹，这才可以称得上“宦”。一官一令，或兴或除，百姓都能够得益，留下仁爱于后世，留下德行、恩惠、贡献于后世。离职之后，百姓思念他；去世之后，百姓祭奠他，这样的官才可以叫“名宦”。“宦繁穰者，先后蝉联，未必人无疵政，而其蜚英腾茂，足为后之师者，悉采其行事，俾登仕者览焉。”繁穰，太谷古称。为官者，你来我去，为政不可能没有瑕疵，但只要他的名声与政绩可以给后来者做楷模，就要记下他的政事官绩，为后来为官者阅鉴。《太谷县志》所载唐至明万历年间的名宦有 19 人。如唐高祖起兵，殷开山从功西河，后封郧国公;（宋）张伯玉，广兴水利、文章著名，民为之立祠明福寺;（元）月伦失帖木儿，公廉有为，为民免税，民为之立碑颂德。(明）张寿，成化年间太谷知县，秉性刚正，到任只有一人相随，常穿一件旧布袍，一年不洗不换，吃饭只吃粟米，吃菜去园中采生藜苋菜，不吃肉，接待上司也是粗粝之饭。留心民瘼，不事逢迎，人号“板张”，历任九年，始终一致，回京之日，“百姓遮道流涕，历官户部尚书郎”。

《祁县志》名宦部分称“宦迹”，从周至清康熙年间，共录入

22 人。著名者，如周大夫贾辛，祁县历史上第一任县令，“治祁多善政，得民”。(明）孙应期，“处心仁恕，治行廉平，爱民礼士，美政不可枚举。当日无赫赫名，久而民盖思之”。这一位孙知县心地善良、宽容大度，爱护百姓、礼贤下士，善政不胜枚举，在任时未必大名鼎鼎，离任后老百姓都想念他，典型的“政声人去后，百姓闲谈中”。

《平遥县志·官师》虽未单列“名宦”章节，但对“名宦”记载详细，立论独特:“令、长职司吾民，一时之利害，千古之是非，昭然具在，安得以假伪而托。”县官在一地履职尽责、管理百姓，当时的利害，千古的是非，明明白白都在，怎么能够以虚假之事实为依据载入史册。如，百日宰相——杜衍，浙江绍兴人，宋大中祥符元年（1008 年）中进士甲科，知平遥县，“谨密清慎，决狱明允，历官枢密使，少师平章事，封祁国公，谥正献”。对杜衍做以上记述后，论曰:“祁公之在宋，与韩（韩琦）、范（范仲淹)、富（富弼)、蔡（蔡襄)、欧阳（欧阳修）诸公，名动华夷，勋猷烂然，与日月争光矣！而其始则实作令于此者。”如此杜正献，名动中外，但他开始确实在平遥县做过知县，谨慎清正，判决狱讼公正公开。《平遥县志》还记载了一位“训导”，明代的叶居升。叶居升，字伯臣，浙江宁海人，明洪武八年（1375 年）到平遥县任训导，“待诸生如子，诸生亦爱敬之如父母”。洪武九年（1376 年)，帝观星变，下诏求解，叶居升上书言三事:“一分封太侈，一用刑太繁，一求治太速。娓娓数千言，切中时事，上怒其直，逮问，竟死于狱，诸生至今犹怜之。”一个县级训导，竟然对皇帝说:给皇亲国戚和百官的分封太奢侈，运用刑罚太繁多，求治国之心太快速，如此之直，竟然写了数千言，结果就是被捕死于狱中，至今生员们还怜惜他怀念他。

1942 年《榆次县志》分“名宦录”“仕实录”“文儒录”“卓行录”等专辑记载，蔚为大观。其“名宦录”收有 47 人，“兹之所录，类皆人民乐道垂诸口碑者汇而述之，至于前贤宦迹之已载人旧志者并为采录”。名垂青史者，如，春秋时人知徐吾，“魏献子为晋国之政，以徐吾为涂水大夫”。晋朝人荀藐，榆次令，以德教为政，民皆怀之。700 多年后，宋朝介休人文彦博，出将入相 50 年，虽没有引来“凤凰”，但他在大宋历任四朝宰相，慎独勤政，口碑极好，世称“文潞公”。

政文兼具

在各县古志中，《艺文志》占相当大比例，所收诗文中很大一部分是知县、教谕等所写。在古代，文章是下情上达、请示奏陈、抒情议论的主要表达方式之一，其实用在于祭祀、碑文、作序、奏疏、议、告、庆典、墓志铭，等等。诗，主要为应时抒情颂景议政而作。能任知县者，大都凭的是一篇篇锦绣文章，从秀才、举人、进士一路考上来，所谓“十年勤读寒窗苦，一举成名天下扬”，政文兼具是常态，是相辅相成“一体”关系。另外，纵观四县“官政志”，在知县选任上，还是很注重资格和能力并重的。宋代还实行保举制，县令的选任，需两人保荐。同时实行严格的回避制度和异地为官制度，此制始于东汉，历代沿袭，清代完善至籍贯回避、亲属回避、师生回避，等等。千里做官、远离故土，客观上有学习、游历、作诗写文章的时间和精力。王云凤曾述县一级官员:“事易专、令易行、力易为者，惟治邑则然。”做事较专心专一、政令较容易贯彻、举措相对能够落实，只有县一级是这样。况且还有从小熟读四书五经、日常著文作诗等基本功。但立定名垂青史的高目标，注入“修齐治平”的内动力，这才是根本。

“知屋漏者在宇下，知政失者在草野”①;“宰相必起于州部，猛将必发于卒伍”②;“些小吾曹州县吏，一枝一叶总关情”③。自古以来都特别强调官员基层锻炼、接近百姓的极端重要性。

历览古今兴衰事，政声人去后，得失民心知。从1921年开始，真正把为人民服务作为宗旨并始终如一的，只有中国共产党。“江山就是人民，人民就是江山”，这是真理。

---

① 见东汉王充《论衡·卷二十八·书解篇》。知道房屋漏雨的人在房屋下，知道政治有过失的人在民间。

② 见战国《韩非子·显学》。强调国家的文臣武将，特别是选拔高层的官员和将领，一定要从有基层工作经验的人中选拔，否则处理政务、领兵作战就可能是纸上谈兵，耽误国家大事。

③ 见清郑板桥《潍县署中画竹呈年伯包大中丞括》。州县小吏在衙门里休息的时候，听见竹叶萧萧作响，仿佛听见了百姓啼饥号寒的怨声。我们虽然只是州县里的小官吏，但百姓的每一件小事都在牵动着我们的感情。

人物为重

文行至此篇，天地看人杰。《道德经》云：“道大，天大，地大，人亦大。”天涵地育生生不息，宇宙中星球无以数计，唯地球有了人类而无比生动、伟大。故历代方志中的“人物志”更显方舆万物，人物为重。《太谷县志·人物志》开篇曰：“夫人以地灵，地以人显。故水怀珠则川媚，石韫玉则山辉。人物之为方舆重也，亘矣。”人因为大地的承载和孕育而有了灵性活力，大地因为有了人的栖息和创造而更显载物之厚德，好比水中有珍珠则河流妩媚动人，石中含宝玉而大山耀生光辉。对于一地方志而言，记录人物是无比重要的，以人观事可窥斑见豹，见微知著。《祁县志·人物志·序》曰：“人胜地灵，地灵人杰，人物之为方舆重也，尚矣。”

德望高远　功勋卓著

人志人物的遴选标准，可反映其时其地的主流价值观。《太谷县志·人物志》：“太谷涵育圣化，人物朋兴。或以忠孝闻，或以节义显，或以学术鸣，或以武烈奋。其为风土钟灵，山川敏秀，高标足以耀古今，而令人炎慕者，则一而已矣。”太谷，大地涵养圣人教化，声望卓著者蜂拥而出、生生不息。有的以忠诚孝子闻名，有的以大节大义凸显，有的以学问技巧一鸣惊人，有的以武功盖世令人振奋。因为凝聚了天地之间的灵气、山川之间的秀美，而有高深至伟的造诣、出类拔萃的成就，足以照耀古今、令人仰慕。《祁县志·人物志》：“虽居处不同方、隐见不同道、文武不同业、进取不同科、士女不同德，然或以行谊贵，或以气节高，或以勋名显，其为风土钟灵、山川毓秀，今昔人心所推先而景慕焉，则一而已矣。”即便是居住地不同、归隐或出仕所走道路不同、文武专攻不同、科举科目不同、男女德行不同，但是如果品德高尚、行为高贵、气节坚贞、功名卓显，凝聚了天地风土的灵气，受到了河流山川的眷顾，而孕育出的优秀人物，为古今人心所推崇景仰，就可以入志了。

五湖四海　殊途同归

入志人物的来源分类，可反映其时其地的教化意图。各县志分类不尽相同，但都不外贤良、大义、忠孝、贞烈之人。《太谷县志·人物志》分为八类，即：乡贤，品德才学为乡人推崇敬重者；荐辟，被乡人推荐或被君主征召授予官职者；忠节，慷慨正直捐躯报国者；孝子（孝女）；义民；贞烈，贞妇烈女；耆寿，年高德重长寿者；赐封，朝廷以敕令封赏者。《祁县志·人物志》则分十类，即：乡贤；寓贤，隐士或暂时隐居者；选举，古代自上而下选拔的官吏；乡举，由乡里选拔的人才；进士，古代通过朝廷考试者；岁贡，各省选取府、州、县入国子监读书的生员；武弁，武官；荐辟；节烈；义耆，重义气有义举的六十岁以上老人。而《平遥县志·人物志》分类更细，其旨重在阐述入志人物的意义和作用。如：人物，记特出也；忠节，正君臣、明大义也；孝子，重所生、敦躬行也；理学，立天地心、生民命，继绝学于往圣，开来世之太平也；隐逸，穷而在下，不改其操也；义行，大节概，明豪举，且缓急，亦人之所时有也；流寓，志贤人之寄迹也；列女，昭内范、表贞烈，不使幽芳懿德泯没于春燕秋鸿也；选举，著制科之得人也；赠封、仪宾、异路，尊王章也；方外，存高踪也……共十六类。到了民国《榆次县志》，没有“人物志”一章，而是把人物细分为名宦录、仕实录、文儒录、卓行录、艺术录和贤媛录。

收集艰难　秉笔直书

《平遥县志·人物志》编纂者以激昂的文字叙述了收录人物事迹之艰难：“惜岁月迁流，文献磨灭，竹简金石无从考问。即有存者，亦望远而听远者矣。”岁月变迁，时光如流，文献久而磨灭，竹简金石无法考证，即使存有的，亦因不在当时当地无法看见听见了。为了收集资料，“载笔以来，求诸残编，求诸父老，求诸士大夫，求诸山巅、水涯、废寺、荒丘，得其实迹，参以舆论，列而著之”。编志以来，向残漏的典籍、年老的乡亲、当官的或有声望的读书人求教，在大山、远水、废寺、荒丘间寻觅，考证尚存的遗迹，参考民间的传说。“类以分焉，直以书焉！无毁无誉，必征必信，为述其所闻见，如此，志人物！”整理分类，如实书写，不杂以个人喜恶，一定做到客观可信，记述其所闻所见，这样来编写人物志。

人才辈出　彪炳千古

综观榆次、太谷、祁县、平遥四方志，其所记人物上自殷周春秋，下至当代当朝，由远及近，蔚为大观。

大人物“立德、立功、立言”，“人物志”旁征博引，大书特书，本书“名贤俊杰”篇已详述，此处不再赘言。但古县志“人物志”中，篇幅比例最大的则是县令、县丞，教谕、武弁等基层官吏，所谓“些小吾曹州县吏”；还有侠义之士、隐逸之士、仁义之士以及高寿之人，所谓“一枝一叶总关情”，区别在于有详有略，而有的只留下一个名字和职务而已。

不能回避的是，“人物志”中篇幅比例较大的还有“节烈”篇，即列（烈）女篇。情节大致一样：夫早亡，妻终身不再嫁，养儿育女、奉婆事姑，漫漫人生，含辛茹苦，或长寿而善终，或节操坚定而以死明志，或子女夭折而绝食而亡……换来朝廷旌表，地方立坊，写入县志。虽然写入县志，可惜只能写成“某氏”，留下夫家的姓，不能留下本人的名。尽管其情感天动地，终归是“小脚一双，泪水一缸”，名字谓何？永不得知。读来令人唏嘘，想来何其悲凉，好在历史已经永远翻过了这沉重的一页。

笔触至此，忽然想起《三国演义》开头结尾两首歌的歌词。一谓“滚滚长江东逝水，浪花淘尽英雄”；一谓“兴亡谁人定，盛衰岂无凭；聚散皆是缘，离合总关情；担当生前事，何计身后评”。青山依旧在，而非当年的青山；几度夕阳红，也非昔日的夕阳。盛衰既然有凭，身后怎能不评！

文以载道

一部古县志，半册“艺文志”。艺以稽古，文以载道。

“艺文志”最早见于《汉书·艺文志》。清代史学家、经学家王鸣盛说：“不通《汉·艺文志》，不可以读天下书。《艺文志》者，学问之眉目，著述之门户也。”自《汉书·艺文志》后，历代史志类书籍，皆设“艺文”，以收录各种典籍、图书以及单行文章诗词史料。细究之，艺是艺，广义上泛指各类学问著述，不是今天“艺术”之艺；文是文，是各类记述形成的各种体裁文章，包括文学艺术，却不单指今天所说的“文学艺术”。

文章千古事

杜甫《偶题》诗曰：“文章千古事，得失寸心知。”明《太谷县志·艺文志》极言艺文之精要：“人声之精者为言，而艺文之于言，又其精者也……故，帝德皇情，非文不达；茹古含今，非文不阐；探迹索隐，非文不彰；宣郁纾忠，非文不显。总之，以叙事而载道也。”人发出的声音之精华为语言，而艺文是语言精华中的精华。所以，帝王之德、朝廷之令，非行文不能下达；博览古书、通晓今文，非阅文不能阐明；探究深奥的道理、探索隐秘的事迹，非文章不能彰显；宣泄郁闷、表达忠心，非文章不能表露出来。总之，通过文章记言叙事去阐明一定的思想、道理。清《祁县志·艺文志》这样阐述："盛王抚世，文士敷言，山川人物之所以大其传，忠臣孝子之所以抒其怀，皆于是乎在。"盛世有德的帝王治理天下，读书人写文章发议论，要为山川人物立传，忠臣孝子要抒发情怀，都在于文章！清《平遥县志·艺文志》更道出了文之要义："文所以载道也，述往事，思来者，义有取焉。"文章之所以记录思想、承载道义，无非就是追往述来，希望将来的人了解他们的思想和抱负。

古县志中所收录的艺文辞赋，虽不及《春秋》《左传》《文选》《诗经》《离骚》……但在一县之域，修志者千辛万苦、千方百计收集典籍文献、创作诗词文赋，也算是可传后世之大功大德之人了。自古以来，文以载道，教化社会，功不可没。今天，不管科技多么发达，互联网多么便捷，但也只是在"器"的层面作用而已，而文章之叙事载道作用，永远不会过时，于国家是这样，于小小的一个县亦是这样。

艺文撷集之

县志中的"艺文志"所收录的都是哪些题材及体裁的"艺文"呢？明《太谷县志·艺文志》说："太谷自创邑以来，至今千有余年。操觚染翰[①]之俦[②]，掞藻摛英[③]，体裁各异。"清《祁县志·艺文

---

① 操觚染翰：拿着木简，以笔蘸墨。指提笔写作。

② 俦：辈；同类。

③ 掞藻摛英：铺张辞藻，展示优美的文字。

志》说:“曰诰敕，曰传记，曰风教于一时；曰墓表，曰志铭，永贞珉于百世。考以稽古，诗以言志，阐道要，形物情，非此不为功矣。”这是说，辑录朝廷封官授爵的敕书，人物生平传记，以及诗词歌赋，在流传中能对人们起教化作用；还有表彰死者的碑文、墓志铭、石刻碑铭以流芳百世。通过考证这些艺文，明白记录的事迹，明辨所讲的道理，以为今用，写诗来表达自己的志向，阐述道理要点，表现事物的情状，非艺文达不到这样的功效。而到了民国《榆次县志・艺文考》则另有一番见解，认为榆次旧县志杂选了文与诗，后来的学者无法看到一县文献之全貌的真伪，时间久了就会湮灭。所以，“今略依四部为编，首载著述，下注所据，其体例及有可考者略存大概，使征文者有所据焉”。“四部”是中国古代通行的图书分类名称，把群书分为“经、史、子、集”四大部类。经，即《诗》《书》《易》《礼》《乐》《春秋》等；史，包括正史、古史、杂史、起居注、仪注、刑法、地理、谱系等；子，指儒、道、法、名、墨、纵横、杂、农、小说、兵、天文、历数、五行、医方等；集，有楚辞、别集、总集等，共四十类。民国《榆次县志・艺文考》以表格形式（书名、卷数、撰著人、附注），将著作类中几十位作者、近百部著作展现出来，十分珍贵。比如“经”部中的张养、王沂、常麟书；“史”部中的孙绰、孙盛、文彦博、常麟书等；“子”部中的褚铁、王沂、阎南图、常龄、郝丕根、董化裁等；“集”部中的“孙家三雄”、褚铁、王系等。有些作者，如常麟书（1869—1927年），太原府榆次县人，清末民初教育家、史学家，可以说是“四部通吃”，著作等身。另一类为“金石类”，金石，即刻在铜器、石碑上的古文字及有关资料，民国《榆次县志・艺文考》不仅收录，而且附收了大量古砖、古瓦当上的篆刻、题额。

在古代，文献典籍或因材质，或因兵燹，或因天灾，收集、保存很不容易，尤其是县一级。清《平遥县志·艺文志》说："平虽下邑，然陶唐氏故墟，从古迄今，岂无鸿儒巨笔可以照人耳目、垂诸竹帛者？顾兵火之余，凌夷[①]残缺久矣，其无征[②]也。兹因旧志之所传闻及其他金石碑版、断简残册出于烧劫之遗，率搜而登之，存什一于千百[③]，择其尤雅略著于编，以告后之君子新作者附入。"究编志者拳拳家国情怀之心，想他们筚路蓝缕搜求史料遗迹之难，就是为了后来者著书编志时加进去，让历史薪火相传，让中华文脉接力接续，更能理解什么叫中华文明生生不息。

叙事而载道

浩浩乎史，郁郁乎文，叙事而载道。县志多涉基层民间之事，保留了古代社会基层治理和乡情民风的大量信息，从中可以深刻理解什么叫"以史为鉴"。

叙事述史　无论诗或文或碑铭，记录大事、要事是首要任务。今天我们看到平遥古城保留了完整的城市规制和大量的古建筑，如果再看《平遥县志·艺文志》中关于孔庙、西河书院、文昌阁、泮池、义学碑、义田碑、尹吉甫庙、城隍庙、应润庙、魏公生祠、城墙、中都河、惠济桥、清虚观等建筑的"记"文，通过深挖细

---

① 凌夷：衰败。

② 征：考证；证验。

③ 存什一于千百：指亡多存少。

究，讲好历史故事，做好文创产品，足可以古城昔日辉煌，雕古城今日文心，添古城旧制新韵，强文化软硬实力。如，平遥城由周卿士尹吉甫筑将台始，清巡抚韩邦奇有五言律诗《尹吉甫墓》颂之："瞻仰周卿士，凄其古墓门；苔荒啼鸟迹，草没断碑痕。俎豆[①]千秋远，仪型百世尊；空留台畔月，常照此乾坤。"吊古怀人，将台赏月，看光照朗朗乾坤，记筑城第一功臣。

太谷的葡萄酒"怡园干红"名气颇大。从《太谷县志·艺文志》所录诗文中可知，早在元末明初，太谷已有种植葡萄、酿造葡萄酒之事。如，被誉为"明初诗文三大家"之一的户部侍郎高启《题太谷葡萄酒》："西域几年归使隔，汉宫遗种秋萧瑟；谁将马乳压瑶浆，远饷江南渴吟客……床头如能有五斗，不将轻博凉州守。"高启作为江南姑苏之人，对太谷酿造的葡萄酒赞誉有加。他的诗说，有出使西域者归来，带回葡萄种苗。人们把像马奶一样的葡萄压成琼浆玉液，让我这江南来的人也能喝上美酒……床头如果能有五斗这样的美酒，我也可比凉州太守了。"艺文志"中还有另外两首《题太谷葡萄酒》诗。题作《紫葡萄》的也有两首诗，如："西风窗户晚飕飕，架上葡萄已熟秋；细数不过三十颗，争如一斗博凉州。"

"艺文志"也收有不少记载战争的诗文。如《平遥县志·艺文志》收录的金代乡贡进士李致尧所写《汾州平遥县葬枯骨碣铭并序》一文，记载了大军破平遥城造成的人间惨剧："本县顷自丙午岁季秋二十一日大军破城，时有援兵五千人，遗民数百户，内外

① 俎豆：俎和豆。古代祭祀用的两种礼器。引申为奉祀、崇奉。

生灵，约计千万。或长驱不返，或迎敌而殂。威临而坠井坠河者有之，势胁而自刎自缢者有之。士民共戮，善恶同诛，有千里而离乡者，有一门而尽殁者。尸盈郊邑、血满道途，触渎天地、暴露星霜，日往月来、股分肉尽，亲知莫辨、男女无分，白骨交横、孰可忍耶？”这一段写事件由来，反复铺陈，详其惨烈。作者敬从父命，与友人出钱雇人，搜寻遗骸，埋葬尸骨。“数月之间，聚一千五百余副”，葬于城西北五里古大墓之北，春秋祭享。“呜呼！风吹雨洒，浅土尚多，未经葬者，依青暴白。”作者“遍向郊原，广收远掇，半载之间，又得二千余骸”，从“井中淘出尸骸五十余副”，“浮土耕出军尸七百余副”，“井中水浸者，命土人淘出二百余副，诸处寻收又得一百余副，葬于前坟之南”。然后，立碑而作墓志铭曰：“哀哉亡灵，生逢运劫……城破家残，父离子别。避刃者殂，迎敌者折。河井漂流，刎缢交列……千里而来，一门尽绝……遍地横尸，满城流血……日落风悲，云愁雾结。鬼泣神号，猿啼鸣噎……寂寂悲坟，烟锁明月。”此文反复描写尸骨状态、尸骨数量，悲情悲状悲声震天动地，让我们再次穿越回那个战火纷飞的年代，目睹战争的残酷、人民的惨状，体会祭者的仁心、殓者的壮举。

明职履责 明《太谷县志·艺文志》中收有《明职篇》一文。该文作者吕坤（1536—1618年），是明朝巡抚都御史，也是明朝文学家、思想家。吕坤刚正不阿，为政清廉，他与沈鲤、郭正域被誉为明万历年间天下“三大贤”。吕坤的《明职篇》详列了知州、知县之职以及州、县佐贰[①]和教官之职责；阐述了“父母官”

① 佐贰：副职官员。

的由来、怎样做好“父母官”，以及为官者如何勤省自检等。一如《太谷县志·艺文志》为该文注曰：“此篇虽不专为一邑而发，而立言垂训[①]深有当于官箴[②]，故采入邑志。”

“父母官”的由来。“夫朝廷设官，自公卿以至驿递，中外职衔，不啻百矣。而惟守令，人称之曰父母。父母云者，生我养我者也。称我以父母，望其生我养我者也。”朝廷设官位，自公卿到驿递，朝廷内外的职衔，不止百人，而只有郡守县令，人称之为父母。把知州、知县比作父母，是希望他们让百姓休养生息、安居乐业。

怎么当好“父母官”。“故地土不均，我为均之；差粮不明，我为明之；树木不植，我为植之；荒田不垦，我为垦之；逃亡不复，我为复之；山林川泽，果否有利，我为兴之；讼狱不平，我为平之；凶豪肆逞，良善含冤，我为除之；狡诈百端，愚朴受害，我为剪之；嫖风赌博，扛帮痴幼，我为刑之；寡妇孤儿，族属晦夺，我为镇之；盗贼劫穷，民不安生，我为弭之；老幼残疾，鳏寡孤独，我为收之；教化不行，风俗不美，我为正之；远里无师，贫儿失学，我为教之……”，作者用排比手法，一气列举了三十八件“职责”所在，涉及均田地、明差粮、植树木、垦荒田、招逃者、兴山川、平讼狱、除凶豪、剪狡诈、刑嫖赌、镇阴夺、弭盗贼、收弱者、正风俗、教失学、积仓廪、恤狱囚、一斗尺、省税课、逐酷吏、禁勒索、除起解、惩懒惰、驱邪教、训庸医、兴学

---

① 立言垂训：著书立说，垂示后人。

② 官箴：做官的戒规。

政、治市霸、杜诬人、殄党恶、安乡夫、举事业、修废事、聚民意、去民恶等。三十八件大事，无一个动词重复，足见心之切之。三十八件大事，“使四境之内，无一事不得其宜，无一民不得其所”。通过治事理事，使一县之内，没有一事得不到恰当的治理，没有一人得不到恰当的安置。“深山穷谷之中，无隐弗达；妇人孺子之情，无微不照，是谓知此州，是谓知此县。”即使深山大谷之中，没有一处不知情；妇女儿童的诉求，没有一丝一毫得不到回应，这就叫知此县。“俾一郡邑爱戴吾身，如坐慈母之怀，如食慈母之乳，一时不可离，一日不可少，是谓真父母。各官试自点检，果能如是乎？”如果一郡一邑之民爱戴“父母官”，如同孩子对母亲的依赖一样，这就叫“真父母”。各位反躬自省，果然能做到这样吗？

勤省自检　“耽诗赋者，以豪放自高；好晏安者，以懒散自适；嗜骄泰者，以奢侈自纵；工媚悦者，剥民膏以事人；计身家者，括民财以肥己。民生疾苦，昏昏绝不闻知；风俗美恶，梦梦那复理会。一般坐轿大人，前呼后拥，招摇大市稠人之中，面目亦安否乎？意念无愧否乎？大街小巷，千百人环视，爱我乎？敬我乎？恨我乎？笑我乎？厌恶而鄙夷我乎？此不必揆之人情，一反己而可知已。如此作官，果称职否乎？”沉迷于诗词歌赋，喜欢平静安逸，嗜好骄恣放纵，处心谄媚取悦，算计于自身利益，搜刮民脂民膏的官人，面对民生疾苦，昏昏不知所以然，对风俗人情好与坏，如在梦里不去理会，你心安吗？坐在轿子里前呼后拥、招摇过市于大庭广众之下的“大老爷”，你好意思吗？心里无愧吗？大街小巷千百人围观你，是爱你是敬你？是恨你还是讥笑你？是厌恶你还是鄙夷你？不用揣测人心了，想想你自己的所作所为就知道了。如此做官，果真称职吗？

启智劝学 明《太谷县志·艺文志·明职篇》中有一节为“弟子之职一·读书缘由”。作者在代州拜谒先师（孔子）庙，试讲圣训后问：“诸生知圣贤以经史垂训，朝廷以学校养士之意乎？”诸位儒生知道圣贤通过经史以教导训诫，垂示后人，朝廷通过学校传授圣贤之论，培养人才的道理吗？

天地同一理，人共一心肠。文庙祭祀强调的是孔子的文化贡献，尤其是其为人们所制定的纲常伦理、道德教化。文庙祭祀与经典诠释、科举制度推行和政教合一的政治体制，共同奠定了士人对儒学和孔子的信仰。“夫乾坤内只有这一种道理，古今人只有这一副心肠，千古圣人心肠中是这个道理，吾人心肠中也是这个道理。只是圣人志气清明，义理昭著，又身心体验，措注精详。故其精神心术之微，识见施为之妙，载在方策，传留后代。”先明一理者为圣贤。

教书育人，明理正心。圣人负责讲道释理、授业解惑。常人只要“学而时习之”即可。《太谷县志·艺文志·明职篇》：“譬之衣食，圣人是做造的，吾人是吃穿的。做造的留式样，吃穿的享见成。所以朝廷教人读书，正欲以我这副心肠，就经史中明那一种道理。”经史无所不包，答案覆盖全部。“自古及今，凡身心性命之精言，天下国家之治道，天地鬼神之造化，草木鸟兽之情状，及仓卒难应之务，艰危难济之变，轇轕难剖之事，隐微难见之理，玄远难测之数，经史中有一之不载者乎？”经史之道是治国、做人之本。“古今是这个天地人物，古今是这等参赞辅相。故以经史之道，治今之天下，言言符契，事事吻合，不必费古人之心，自能获古人之效。经书之有资于身心，犹衣食之有资于口体。世上少他便不成世界，人生少他便不成好人。”明代典籍如此行文风格，即使在县志中，也实属另类，实在有趣有味有道理。

遵圣贤之言，成圣贤之身，以立圣贤事功。《太谷县志·艺文志·明职篇》：“诸生终日诵读，字字都向心头想一想，一句句都往身上贴一贴，试看古人所言，与我身心合不合。其合者，便要体验扩充；其不合者，便要沉潜思索。便知圣贤千言万语，说的是我心头佳话，立的是我身上妙方，不必另竭心思，举而措之，无往不效。”修身养性治国平天下，拿自己与圣人之教导比一比、贴一贴，合者就去实践，不合者要沉下心来想一想原因。圣贤之言都是心里话、治病药，没必要自己再穷尽心思苦思冥想了，去实践即可，没有不成功的。

“四字”修身，“四字”为国。《太谷县志·艺文志·明职篇》：“古者十五而入大学[①]，格、致、诚、正、修、齐、治、平[②]这八件合下，是一齐做底。其实格、致、诚、正功夫，磨炼成这个身子；修、齐、治、平，全到天下国家处作用。”

朱熹《大学章句·序》：“及其十有五年，则自天子之元子、

① 大学：据史料记载，虞舜之时，即出现了名为“上庠”的公办学校，“上庠”即“高等学校”的意思。春秋时期，孔子在自己家里开堂讲学。汉武帝时，国家在京师办“太学”，相当于正规的大学，太学不仅设五经博士任教，而且作为官办学校首次对贫家子弟开放。太学一直存在到明代，之后国子监兴起，成为典型的国办“大学”，一直持续到清末。

② 格物、致知、诚意、正心、修身、齐家、治国、平天下。

众子，以至公、卿、大夫、元士之嫡子，与凡民之俊秀，皆入大学。”到了十五岁，上到天子的大儿子以及众位皇子，以至于三公六卿、大夫以及太子的嫡长子，与百姓中之优秀者，皆入“大学”。“四字”，即格、致、诚、正，用以修身，“四字”，即修、齐、治、平，用以为国。八个字共同构成《大学》的“八条目”。

建言献策 对上级建言献策，陈兴利除弊措施。如，明太谷县知县乔允升，给巡按山西监察御史上的《条陈吏治民情议》建议：“一曰兴水利，夫水利者，不雨而灌，不潦而足，最为农家第一事。二曰多栽植，夫一年之利种谷，十年之利种树。如此十年，始于拱把[①]，终于合抱，其叶足以充食，其材足以架屋。三曰劝织纺，本县地脉寒凉，半岁耕田，半岁空闲。民以其余力，尽心于织纺，虽不知植桑养蚕，而纺花织布甲于他邑，办税养育，多籍于此。四曰革窝访之弊……五曰革奢侈之弊。夫婚丧虽系大礼，尤贵得中，而本县则骄矜争诩，习染成风……”就是到了今天，兴修水利、植树造林、闲时养蚕织布在太谷仍是传统优势。至于息访罢诉、治理婚丧事大操大办仍然任重道远。

明理致知 明《太谷县志·艺文志》“诗”部分，有山西巡抚魏允贞《论理》诗作，赋比兴、哲思理俱佳。魏允贞自万历二十一年（1593年）巡抚山西，一任十年，一系列举措令山西大治。《论理》有孝顺父母、尊敬长上、和睦乡里、教训子孙、各安生理、毋作非为之“衍”五首；有谕士、农、工、商四大行业四首；有谕做官操守的清、慎、勤七首；有谕将、军士的两首。如

① 拱把：直径大到两手合围。

孝顺父母，“父母恩深不知名，譬如根立树方成；怀胎十月频频护，在抱三年处处撄”。尊敬长上，“长少须知天注定，尊卑总是帝安排；过当趋也见当作，坐让席兮步让阶”。和睦乡里，“地基水利休争气，语话微差不记肠；闾巷小民勤念此，自然天上降康祥”。教训子孙，“人欢生子又生孙，答语成人非饱温；几个才名传海内，许多行止败家门”。谕士，“满架诗书宜熟念，公门跬步莫轻视”。谕农，“戴星起看牛食草，趁雨忙将种布田”。谕商，“四民最下是经商，利己瞒人亦可伤”。谕清，“民贫无计可为扶，惟在诸贤着意乎？贪昧到头为覆辙，清廉端底是亨途”。以诗言理，以理教化，这样的诗作颇多。

以诗言志　仍以魏允贞之诗为例，他的《拟古》一诗，颇有《诗》之风雅："去年骄阳，今年雨雪；去年何苦，今年何悦！雨雪霏霏，正月为期；二麦得种，妇子嬉嬉。雨雪飘飘，谷日之朝[①]；犹忆去年，春土如焦。"

清《祁县志·艺文志》有诗《防贼有感》，为知县王允言所写："丑贼何昌炽[②]，乾坤未廓清；太阳千古照，鬼火暂时明。天道扶华夏，人心归帝京；试看忠义士，丕[③]振凯歌声。"明末清初傅山《过昭余宿丹枫阁书温峤传后》："太原人作太原侨，名士风流太寂寥。榆次颇谙有孙盛，昭余不信产温峤。"太原人作太原侨，明朝亡了，自己无国无家，只能四处做客，所谓“侨公”。虽为名士风

① 谷日之朝：传说正月初八是谷子生日，根据天气晴阴，判断收成丰歉。

② 昌炽：猖獗，猖狂。

③ 丕：大。

流人物，但太寂寞了，榆次人都熟悉孙盛，昭余人却不信故乡还有温峤这样的名士风流。此诗绕来绕去，此情回味无穷。

以情颂景　古县志“艺文志”中几乎都有“八景”或“十景”，以诗的形式歌而颂之，从而成为今天文旅产业发展的“底色”。如，太谷的凤山春色、象水秋波、龙冈烟雨、马陵积雪、古城芳草、吴冢斜阳、松岭朝云、酎泉春水；平遥的贺兰仙桥、市楼金井、凤鸟栖台、于仙药迹、源池泉涌，婴溪晚照、超峰晓月、麓台叠翠；祁县的麓台龙洞、昌源春水、帻山晚照、龙舟夜月、高峰积雪、故县龙槐、一柏二井、沙城断碑；榆次的罕山时雨、涂水洪涛、龙门晚照、井峪寒泉、源池荷花、榆城烟柳、神岭积雪、蔺郊无霜。旧八景的特点是，主观的多、瞬时的多、即景的多，如今大部分景点物非人也非，诗中所咏，实处虽在，其情已非。可贵的是这些诗留住了古人面对关山雄道、河流晚照、风花雪月、楼台亭阁时的心情和感受，让后来者体悟古人之意、诗人之情，看得见山水，记住了乡愁。

文献典籍，浩如烟海。县志之“艺文”，题材丰富、体裁分明。政声民心，依稀可听。前可见古人，后可启来者。

纪杂志异

古县志最后一章是“杂纪志”。

所谓“杂纪”，清《祁县志·序》曰:“志称杂纪，纪杂也。杂则乱，何以纪为?然杂而不厌，载乘亦罔逸焉。夫纪祥异，可以崇修省；纪方伎，可以广术业，释异教也。并纪之以示辟邪之意。均之方隅所必有而岂徒事谐诞哉!”这段话告诉我们，古县志的“杂纪”，就是记录无法归人前述几大类中的杂事。然而，杂乱之事，为何还要记载呢?因为录人志乘就不会丢失湮灭了。其实，杂也并不是“乱”。《祁县志·杂纪志》所录之事分作两类。一类记录吉祥兆瑞之事或灾变怪异之事。古人认为祥异之事是天在示人，通过祥异，可以教人崇德修身，反躬自省。另一类记录方伎。方伎，即方技，是医、卜、星、相之类技术的总称。通过方伎，可以推广专业技术，让更多的人学会这些技术，有业可做，从而放弃那些异端邪术，还能起到辟除邪恶的作用。天下四面八方都有此“杂”事，“纪杂”绝不是徒而无用怪诞之事。因而，“杂纪志”是为了祥异修省，推广方伎术业。

明《太谷县志》称“杂述志”，所记内容有三类：天变、兵战、仙释怪异。《太谷县志·杂述志·序》曰:“言天变足以启敬畏，言兵战足以示除戒，仙释怪异虽吾儒之所不道，而其说亦与吾儒之存神养气者合焉。”所谓“天变”即灾异之事。记载天灾足以让我们敬畏自然，记载战争兵乱足以警示我们该做什么不该做什么，神仙佛教以及诡异之事虽然儒家不屑一说，但关于养生养气之说也与儒家有相通之处。将《太谷县志》的“杂述”与《祁县志》的“杂纪”进行合并归类，可以分作四类，即:祥异、方伎、兵战、仙释。

“纪祥异”重在“灾异”。明《太谷县志·杂述志·灾异》一章，没有一条记“祥”，所记要么灾、要么异。如，“成化八年，雨雹损稼，饿殍塞途，人争相食”;“弘治十八年，大旱，五谷不熟，饿死者枕藉于道”。天灾致人祸，极点就是人争相食。今天我们所见的沙尘暴，该志也有描述。明嘉靖十七年（1538年）:“五月未刻，自东北起黑气，弥漫满空，雨沙，白昼如夜，行路多迷，飞鸟坠地。”该志还记录了一次拥挤踩踏事件——“西门夜变”。明万历二十三年（1595年）正月二十五“填仓节”的夜晚，好事者放烟火，全县男女老少至城门圈下观看。由于人多门窄，“后者急于入，前者不得出，遂致壅塞，气不得呼吸。有立而死者，有仆而被踏死者，寻其亡而不得者，不可胜数。通宵父子、兄弟、夫妇燃灯炬，号呼震天，亦天地之以大一变也”。

清《祁县志·杂纪志·祥异》亦然。如明朝，正统六年（1441年）大饥；成化八年（1472年）大饥；正德六年（1511年）流贼入城，七年（1512年）黑青（沙尘暴）时见，十四年（1519年）麦秀四歧，等等。明嘉靖一朝所记灾异最多，如，五月雨雹、天上落石状如犬首、星陨如雨、蝗灾、地震、平地涌泉、风霾昼晦、淫雨伤稼、三月不雨、大风白昼如夜，等等。至于饥饿、瘟疫更是不绝于书。其记载的清顺治四年（1647年）的一次蝗灾，非常详细生动：“四年夏六月二十二日至二十七日，飞蝗蔽天，长亘六十里，阔八十里，集树枝干，臃肿如合抱，或为之折，是年大饥。”一场蝗灾如此日久，如此规模，令人不寒而栗。

清《平遥县志》灾异记载于“杂志”，分地震、水灾、旱灾三大类，与今天的分类概念更为接近。清《平遥县志·杂志·灾异》重在讲天灾与人治的关系，强调治水、抗旱，仁政、积储。如：“尧九年水，汤七年旱，文景之世天变尤多，所恃有补救之术耳。”“故尧、禹有九年之水，汤有七年之旱，而国亡捐瘠者，以蓄积多而备先具也。”指出大水、大旱并不可怕，只要有足够的积蓄储存和有效的补救之术便可以应对。

源远流长的“灾异观”。古县志记录祥异，之所以绝大多数都是记“灾异”，而少记“祥瑞”，究其因由，源在《春秋》。《春秋》中，“灾”指水灾、蝗灾等所有的自然灾害；“异”指天地异象、怪异万物。通过记录“灾异”，警告君主敬天、顺德、勤政。至于在“县志”中记“灾异”，大者一县为国之一县，小者一县亦有一县之是否政通人和。这样的“灾异观”影响，久远深沉，体现了编撰者的敬畏之心、顺德之心、勤政之心。正如《祁县志》所论：“天反时为灾，地反物为妖；人歹德为乱，乱则灾妖生。”天反时节而变成灾，地反物候而变成妖；人德行歹毒就要作乱，乱就会有异于常态的灾害事件发生。“桑拱于朝，雉雊于鼎[①]，妖也

① 雉雊于鼎：野鸡飞到鼎上鸣叫。传说中是凶兆。

而反祥；麟狩于西，凤萃于蜀，祥也而反灾。”唐太宗时，宰相岑文本因为大雨成灾而呈给皇上《大水上封事》中有“虽使桑谷为妖、龙蛇作孽、雉雊于鼎耳，石言于晋地，犹当转祸为福，变灾为祥”之论，提出灾异与祥瑞的“转换观”。桑谷生于朝、野鸡鸣于鼎、龙蛇作孽、石头说话等都是异于常态的不祥之兆，在古代科技不发达的情况下，古人认为这些灾异是上天在警示君王，君王行仁政，让百姓休养生息，亦可感动上天，转灾妖为吉祥。“天若先有，已警告之，惟修省者之转移耳。故《春秋》不书祥而必书灾异者，谨天变也。”上天如果有异象出现，是以此警告君主、警示人们，只有敬天、顺德、勤政者才能化灾为祥。所以《春秋》不记祥瑞而记灾异，就是告诉后人一定要对“天变”持敬慎戒惧之心。

当然，也有少数记“祥”的。如，民国《榆次县志·旧闻考·祥异》就记了一条：“晋武帝咸宁元年，凤凰集于榆次。”明“景泰二年七月十七日，甘露降榆次县大成殿前楸树上，是岁大稔”。其他异事，少而诡异，间有记之，或信之或疑之，或笑之或恐之罢了。

方伎重在医卜。清《祁县志·杂纪志·方伎》说：“锱黄之流，医数之学，荐绅先生家所鲜道。”锱黄，指僧人锱服，道士黄冠，代指僧道；医数，指医术。僧道之人、医术之学，官绅之家很少说这些。但是，高人逸士往往以此怡神性道，寄托脱离人世尘埃之意愿。该志“方伎”类就记录了两个人，一人“精通六壬，卜无不应”；一人“诸艺多通，精于医卜”。六壬，是古代宫廷占术的一种，与奇门遁甲、太乙神数并称为“三式”；卜，指占卜；医卜，就是医术、占卜。

仙释意在凝心。明《太谷县志·杂述志·仙释》说："今之诋斥佛老者，莫不曰蝉脱羽化流于诞，明心见性涉于荒，荐绅君子所不道也。然而观炼术则迎龄之义得，观戒律则凝心之理明，是又不可尽屏焉者也。"现在贬斥佛、道的人，都说他们想通过炼丹成仙、羽化登仙太荒诞，这样去明心见性太荒谬，官绅都不以为然。但观他们炼丹以祈求长寿，遵守戒律而凝心明理，也不能全部视之不理、志之不记。仙释者，明《太谷县志》记载两人，清《祁县志》记载三人。

兵战倡戒备之心。由于榆次、太谷、祁县、平遥等县市古代近狄邻边、东西邻京的特殊地理位置，兵战不息，在古县志各章节中时有记录。古人认为兵战也是灾异，故在灾异中记录的条目较多，"北兵犯境"是常用词，其次是"流贼"。不论什么兵战，结果就是"大肆残掠"，"屠戮甚惨"，"杀伤甚众"，等等。《平遥县志·杂志》干脆列一专栏"兵劫"以记之。

后记

本书由“何以晋中”“跟着古志品晋中”两组系列文章组成。这两组文章都是我在阅读晋中各县的古县志时所做的读书笔记，以及所思所感的基础上整理成篇的。有些篇目在晋中的各种媒体上发表过。今应出版社要求，将两个系列合并，对其中的各篇文章都做了较大幅度的修改，以现名辑录成本书。

萌生写此系列文章之念，是2020年的年初，新冠疫情登上了人类灾难史的舞台，环球同此凉热。那时，我的心情状态是怎样的呢？有哪些“思想火花”还没有写进文章呢？翻开这几年的几大本“读志笔记”，抄录、补录如下，权作后记。

（一）

写作缘起。

2020年3月30日，农历三月初七，星期一。

己亥末、庚子初，忽发疫情。腊月二十八，退掉早已定好的浙江春节行程，在未知和不安中，一家人只能在榆次过春节。

几亿人宅在家里，各做各的事。但似乎有相当多的人开始读书，这是意外之获，也在情理之中。

毕竟万事皆停。看着书架上那些自己最引以为豪的书，突然想到，何不开启“跟着古志游（品）晋中”之旅?

又动此心，缘起《跟着古志游和顺》。

《跟着古志游和顺》缘起自己从1985年至2007年共22年的“两办”（山西省晋中市和顺政府办、县委办）生涯。《跟着古志游和顺》的初版、再版，成为和顺县中小学乡土教材，成为外地人认识和顺、爱上和顺的一扇窗口。一本书一旦出版，它的命运就交给了社会。十年来，此书及书中文章一直在网上挂着，有人阅读、有人使用、有人不知从什么渠道获得居然还卖着，更多的是一直在社会中一定范围内说着、流传着，有人肯定、有人指出不足。如果说人生是一条顺流而下的河，无疑，这本书与陆续写成的《晋中赋》《和顺赋》《太谷赋》《寿阳赋》等，就是我最引以为豪的浪花。为家乡讴歌、为故土宣传、为历史上的今天写作，是一场场愉快的历史旅行，是一次次美妙的现实分享，是一回回希望的未来憧憬，由此完成了自己对家乡深情的礼赞和对人生粗浅的思考。

2011年，因工作调动，再到榆次。从县委办到市委办，从和顺2250平方公里的面积到晋中1.6万平方公里的面积，一个更大的世界和舞台展现在眼前，古老的历史、灿烂的文明、丰富的资源、快速的发展，特别是晋中平川六个县浩如烟海的历史文献，真是令人兴奋。

30年的文稿工作经验使我懂得，文章要写好不能没有“大历史观”，必须回看过去的路，才能认清将走的路。“秉笔荷担，莫此之劳。”（南朝梁刘勰《文心雕龙·史传》）又是十余年文稿服务，又是十余年欣然读志，又是十余年戴着历史的“眼镜”，观看今日鲜活的创造。越是为今日的创新创造所鼓舞，越是想回溯远古洪荒或历朝历代。工作之余，又写了几万字关于晋中的文章，还做了70余场讲座，虽然“饮冰十年”、皓首穷“志”，但“热血难凉”、读写日日，无时不在品尝读志的快乐、写作的快乐、成文的快乐、讲课的快乐！

2020年春节至今，我再次披览研读明万历《榆次县志》、清康熙《祁县志》、清康熙《平遥县志》、民国《榆次县志》等。一次次展读，就是一次次穿越，与古人对话、与历史同在。江河万古流，青山依旧在。我看见几千年前的晋中大地浩渺泽薮，看见汾河清波荡漾，看见历史的画卷无穷尽展开，隋文帝的楼船逆流而上；看见峨冠博带的王维温彦博挥舞如椽巨笔，看见含英咀华的诗词歌赋化为碑帖书卷；看见一场场厮杀中升腾的浓烟，看见平民百姓奔波在人生的逝川；看见苍生眷恋土地，看见仁人惦念着百姓；看见大院走出来晋商，看见古城穿越过驼队……因为阅读而写作，因为激情而有感，因为脚下的土地而热爱，因为人生的有限而上溯岁月的尘烟。

感谢当年的修志者，让我看到了历史上的晋中。明白了晋中与少数民族特殊的“邻里关系”，与西京（长安）和北京及东都（洛阳）特殊的“陵京关系”，“学而优则商”理念下特殊的“商读耕关系”，晋商五百年荣耀的文化特征与“晋商精神”特殊的文明沉淀。明白了在古代，晋中平川扮演了这样的角色：政治之重要地位、农业之富庶地区、商贸之关键环节、民族之融合通道、兵家之必争之地、历史之演进“化石”。

凡是过去，皆为序章。知古鉴今，未为不可也！

（二）

为什么选定清康熙乙巳年（1665年）的《祁县志》做基本框架，旁及太谷、平遥、榆次等古县志？

《祁县志》，体例严谨、分类紧凑、言简意赅、见解深刻。民本思想一以贯之，抑扬是非立场分明。虽有述而不论之原则，也藏不住编著者秉持的价值观及其个性特色。

具有“晋中平川史地”源头特征。昭余祁泽薮，地理大转换；祁分七县，晋中平川区划雏形；历史长河中，政治、文化风流人物众多、贡献巨大等。

王、温两家优秀人才，始于曹魏，世代传承，彪炳史册。降大任《山西史纲》：“曹魏踞地北国，官僚政体中中坚人物多用北人，其中晋人佼佼者不在少数。如祁县王陵……中都人孙资……祁县温恢……均居高位，有功业，逐步在这些显贵之家形成世家大族，在后世政坛上颇有影响，如太原王氏、祁县王氏、阳曲郭氏、平遥孙氏、祁县温氏、河东卫氏、闻喜裴氏、襄汾贾氏等。”古代政文相通，文为政服务，王、温两家这些俊才，既是政治家、文学家，又是史学家、经学家。祁县王、温两家在政坛、文坛上延绵不断。

至于王维等是不是祁县人，《祁县志·艺文志》有文《潜刻右丞墨迹有歌并行》曰：“王右丞维因其父官司马，徙家汾州，然实祁人也。”作者谭元春叹道：“右丞移家河东去，祁人想像空知处。”最后还是最权威的《旧唐书·王维传》给出答案：“王维字摩诘，太原祁人。父处廉，终汾州司马，徙家于蒲，遂为河东人。”《辞海》等现代权威性的工具书，均表述王维为“太原祁人”。

如此想来，以《祁县志》为蓝本、为架构，就可以旁及榆次、太谷、平遥等，形成一个晋中平川核心地区的关联圈子，相邻相近、相互印证。从历史脉络上，从明万历丙申年（1596 年）乔允升纂修的《太谷县志》到清康熙乙巳年（1665 年）郭霭等编辑、武殿琦点校的《祁县志》和清康熙丁亥年（1707 年）王夷典录疏的《平遥县志》，再到民国《榆次县志》，这样形成一个顺流而下的历史，离我们越来越近。在一年多的业余时间里，通过精读以上县志，并关联读其他古县志，查阅大量历史资料，将几百年前的古文字、概念、事件，读懂、解析、翻译、对照、归纳、提炼，论点、论据、论证，从而完成一篇篇文章。

（三）

欣慰与遗憾。

纸媒与融媒体的互动推送。每篇文章写成后，先由《晋中日报·晋中晚报》“人文读本”版刊出，之后编辑们再做电子版，由晋中新闻网、晋中视听网公众号推送，然后是《今日头条》转发，最后“百度”之。

看不懂和看得懂的必然反应。不同于《跟着古志游和顺》，突出“游”；“跟着古志品晋中”，重在“品”。后者引用了大量古志原文，而且跨四到六个县的古县志，尽管对所引原文尽量去做跟段翻译说明，但限于年代久远、时代变迁、风俗民俗、表述对象等客观因素，限于篇幅又不能一一注释，特别是困于作者水平，发表后的读者群显然“小众”。

古志中晋商历史记载的缺失和挖掘成文的快感。笔者前文写过，在中国古代社会，“士、农、工、商”排位几乎没有变过。商人通常被排斥在官僚和贵族的社会等级之外，甚至不得做官，也不能入“志”。但在明清十大商帮中晋商为首，确是学界商界的共识。而晋中商人在晋商称雄明清商界五百年的历史中，以其“破古今”的改革气魄、“行天下”的开放意识，书写了“汇通天下”的商业奇迹，彪炳史册。由于工作关系，自己对晋商课题做了一些功课，写在文章中，讲在课堂上，乐在研究中。2024 年 3 月，受邀到黄山市委《徽学大讲堂》做了《徽商与晋商》专题讲座。

写出来与留下来的心愿达成。“方志公共化”，要过历史关、地理关、民俗关、制度关、文字关……哪一关都需要筚路蓝缕、以启山林，像我这样蜻蜓点水、一览而过，显然只能算是一点尝试，离还原历史、探求真相，满足大众的文化“刚需”还差得远。文章交给读者，希望能有一丝涟漪。

（四）

人间忽晚，山河已秋。从 1985 年大学毕业到 2024 年年届花甲，四十年工作时间有三十二年从事文稿服务，其间县志不离案头。自谓：三十多年为文服务党委政府，二十余载读志阅尽平川太行。之所以把“读写”二字铭刻在岁月的长河里，是因为“我的眼里常含泪水”“我对这土地爱得深沉……”。

天地生人，有一人莫不有一人之业；人生在世，有一日当尽一日之勤。回想自己以文辅政的岁月、品读古志的欣慰、写作文章的自乐，我得到的是满满的收获：一册册古志的历史记载，一个个先贤的活灵活现，与古志为伴，穿越千年，延展了生命的长度；与古人对话，与古风欢游，与古籍交流，并在古今之间打开本土化与时代化的自由通道，由此加固了人生的厚度。

新故相推，日生不滞。晋中有块丰饶的土地，汾河水百公里穿起了六个珍珠般的千年县城，把晋商故里的大戏演绎了五百年而名垂史册。晋中有条英雄的山脉，太行山百余里连接了五个翡翠般的千年古县，把英雄太行的史诗吟诵了近百年而壮怀激烈。我在晋中市委办工作的日子里，1.6 万平方公里的大美山川，300 多万人口的生动实践，只要我们品出历史的意蕴来，得到启示，读出时代的答案来，汲取动力，晋中的未来一定会更美好。所以，商务印书馆太原分馆的编辑同志们，建议将“何以晋中”“跟着古志品晋中”等系列文章合并，以《品读晋中》为书名出版，我认为十分恰当。

读写不易，出书不易。出版这本书，许多人付出了心血。最后感谢所有为本书出版付出努力的人。

2024 年 10 月